史通通論

莊萬壽◎著

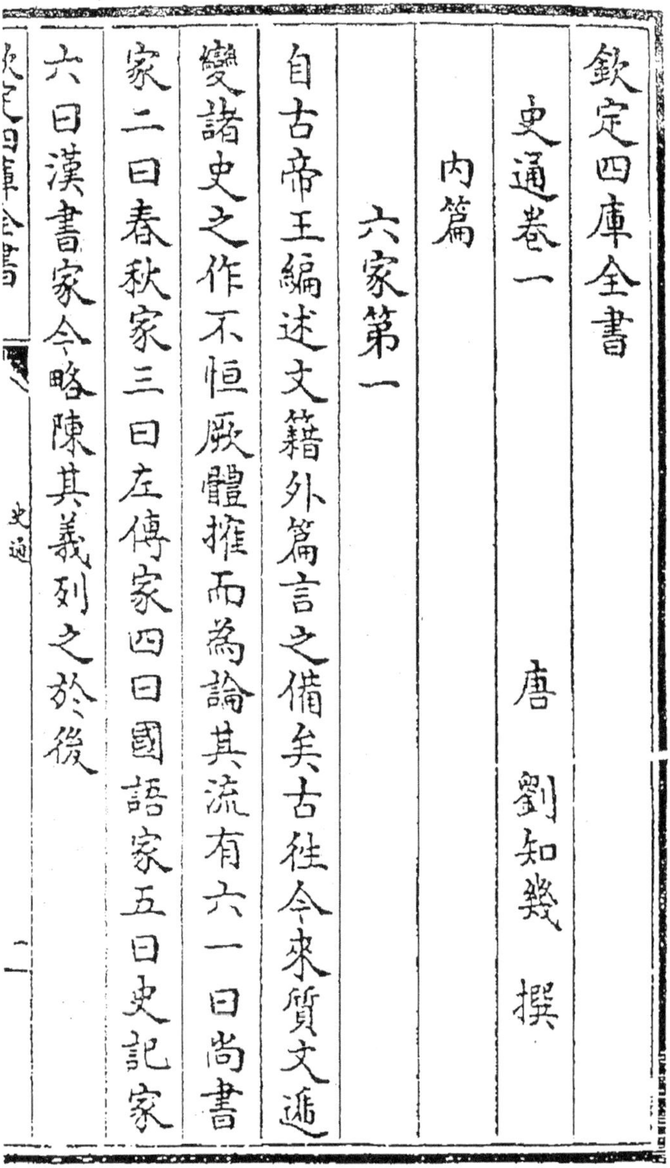

欽定四庫全書

史通卷一　　　　唐　劉知幾　撰

內篇

六家第一

自古帝王編述文籍外篇言之備矣古往今來質文遞變諸史之作不恒厥體榷而為論其流有六一曰尚書家二曰春秋家三曰左傳家四曰國語家五曰史記家六曰漢書家今略陳其義列之於後

欽定四庫全書　史通　一

《史通》書影（一）　文淵閣四庫全書本

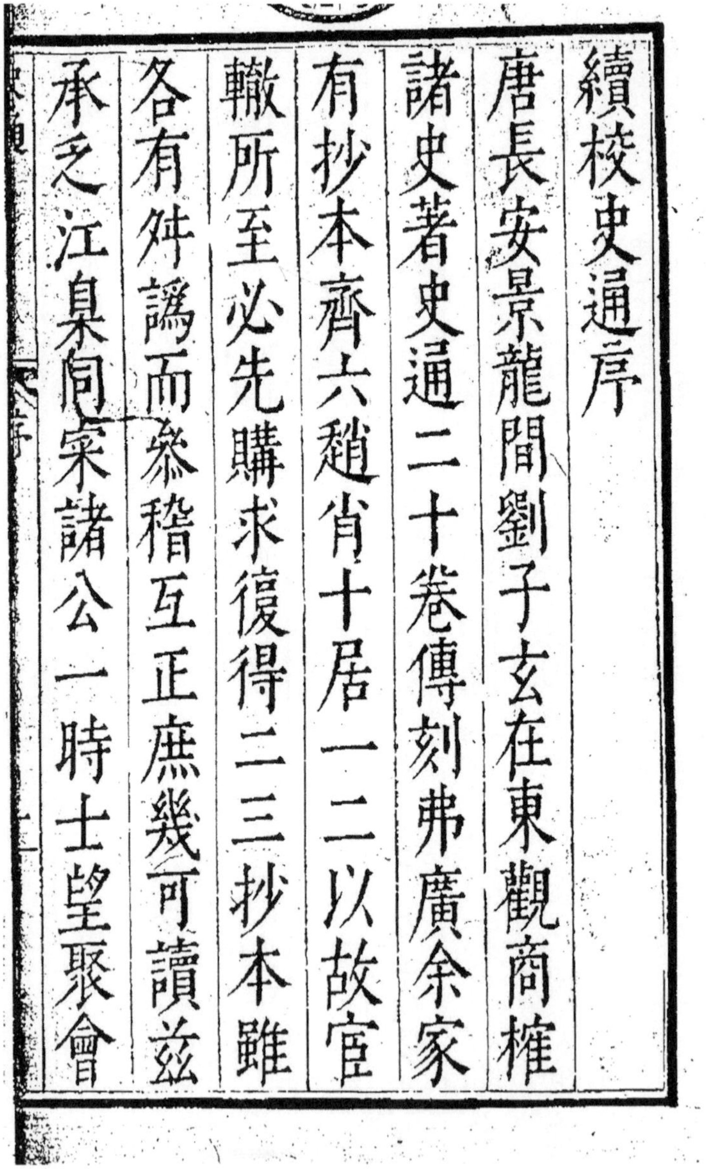
續校史通序
唐長安景龍間劉子玄在東觀商榷
諸史著史通二十卷傳刻弗廣余家
有抄本齊六趙肖十居一二以故宦
轍所至必先購求復得二三抄本雖
各有舛譌而參稽互正庶幾可讀茲
承乏江臬同寀諸公一時士望聚會

《史通》書影（二）
臺灣師範大學圖書館藏原台北高等學校昭和 3 年（1928）收錄

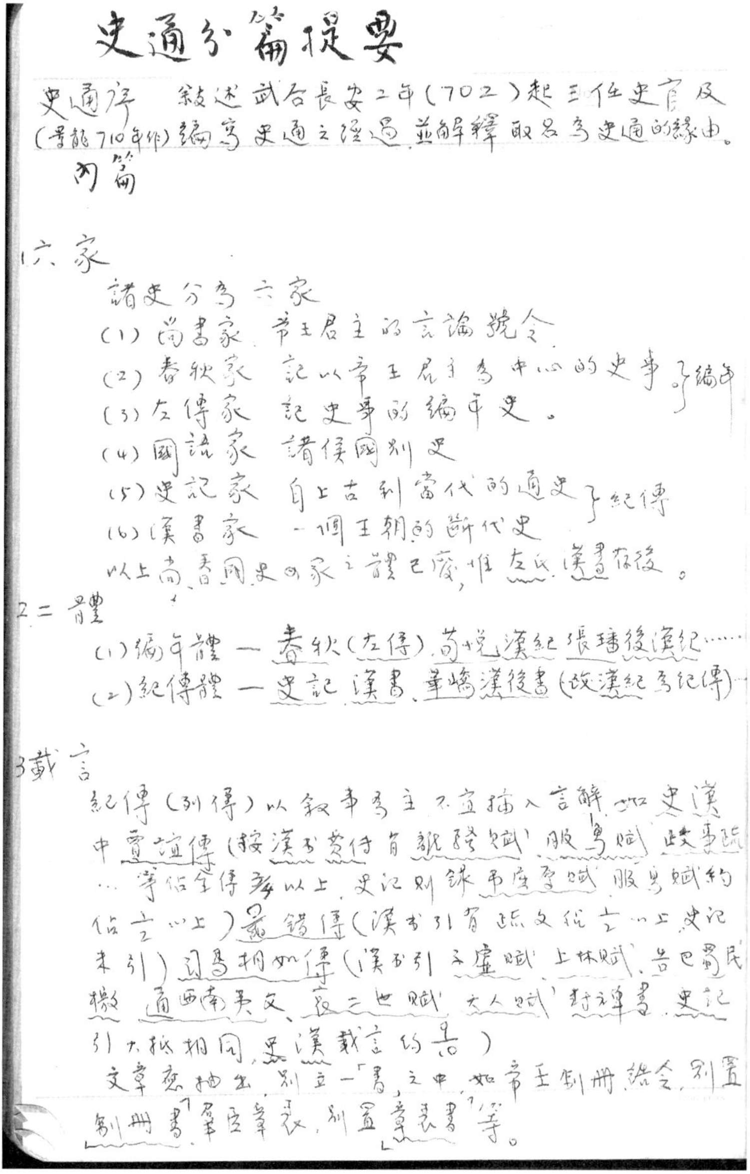
史通分篇提要
史通序 敘述武后長安二年(702)起三任史官及(景龍710年作)編寫史通之經過，並解釋取名為史通的緣由。
內篇
1.六家
諸史分為六家
(1)尚書家 帝王君主的言論號令
(2)春秋家 記以帝王君主為中心的史事 }編年
(3)左傳家 記史事的編年史。
(4)國語家 諸侯國別史
(5)史記家 自上古到當代的通史 }紀傳
(6)漢書家 一個王朝的斷代史
以上尚、春、國、史四家之體已廢，惟左氏、漢書存焉。
2.二體
(1)編年體—春秋(左傳)、荀悅漢紀、張璠後漢紀……
(2)紀傳體—史記、漢書、華嶠漢後書(改漢紀為紀傳)…
3.載言
紀傳(列傳)以敘事為主，不宜插入言辭，如史漢中賈誼傳(按漢書賈傳有弔屈原賦、服鳥賦、政事疏…等佔全傳多以上，史記則錄弔屈原賦、服鳥賦約佔二分之一以上)、晁錯傳(漢書引有疏文佔二分之一以上，史記未引)、司馬相如傳(漢書引子虛賦、上林賦、告巴蜀民檄、通西南夷文、哀二世賦、大人賦、封禪書，史記引大抵相同)，是漢載言的缺點)
文章應抽出，別立一「書」之中，如帝王制冊誥令，別置「制冊書」，群臣章表，別置「章表書」等。

作者莊萬壽教授手稿（一）

No.

4. 本紀

為帝王本人的編年史。前代帝王的先人不得列入本紀。周自后稷至姬昌，秦自伯翳至莊襄，只算諸侯，史記不該列入本紀，應別作周秦世家。

5. 世家

諸侯國別史。

史記創世家之體，而不該把陳勝、漢代封王者列入世家。漢書後無世家之體。

6. 列傳

人臣的傳記

項羽應為列傳，史記不該入本紀。

7. 表曆

史書的世系表因繫以年月，因稱表曆

表可用於譜牒。史書因帝王、諸侯、公卿的紀傳，都有家族、職官的年月資料，因此不必再有表。只有列國年表，還有一些作用。

漢書古今人表把庖犧至嬴秦人物分列九品，沒有漢人而編入漢書。

作者莊萬壽教授手稿（二）

霸權與民主的文化辯證
——《史通通論》代序

莊萬壽

一、中國崛起

近代人類文明進展的指標，是童叟皆知的自由與民主，這對於一個個體生命而言，就是基本人權，也是民主國家制定憲法的基本精神。隨第三波民主化、蘇聯瓦解的浪潮，進入了二十一世紀，全球大半的國家與人民，獲得了「自由」或「部分自由」的權利。在「不自由」的人口有二十二億中，大半卻是中國人。約二百個國家中，不論是「政治權利」或「公民自由」，中國都是名列末梢[1]。一個號稱「五千年文化」近人類四分之一人口的超級大國，不僅不能順時潮而行舟，反而成為人類進步的障礙，擋住了文明的流程。那麼，這個國家，有什麼力量讓它如此的地大人多呢？但卻不能像人口次多，且更貧窮的印度一樣擁有自由呢？

甚至為何被認為是全球自由民主與世界和平的威脅呢？這並非徒是政經、歷史或共產主義因素的表象，事實是一種傳統深層文化結構的辯證發展。

中國崛起，是歷史的必然。歷經韓戰、越戰、中蘇對峙……中國所期待的大國夢，在二十世紀結束已初步的實現，在經濟、政治、軍事、科技、體育各方面對國際有重大的影響力。二〇〇六年中國官方製作了十二集的「大國崛起」的影片，強調富國強兵的價值，其追求新霸權國家的企圖，昭然若揭[2]。

二〇〇八年，是中國建國六十周年的前一年，中國順利舉辦了規模空前的北京奧運會，超越美國，奪取了世界最多的金牌，不久又成功發射太空漫步的太空船。國家掌控的媒體，一片歡騰雀躍，看不到中國違反申奧時所承諾的人權：用武力鎮壓圖博、東突的民運，用戒嚴來對待奧運的北京人，更看不到從開幕式起各種荒誕不經的作假行為。我們連想到擁有第一人造衛星與金牌的當年蘇聯。

二、《零八憲章》

一個文明古國，幾千年不斷的膨脹，屹立至今，依然是一個一黨專政的極權國家，人民沒有政治權利，當然沒有政黨政治，連真正的地方行政區的選舉也不存在，沒有言論、思想的自由。在網路流通的時代，中國有三十萬電子專業者嚴密的監視網路，或作入侵國外的駭客。

二〇〇八年十二月十日是世界人權日，是聯合國《世界人權宣言》公布六十周年，中國有良心有勇氣的三百零三個知識分子，有作家、律師、教授要公布一份要中國民主的《零八憲章》在發表的前夕，十二月八日，為首的名作家劉曉波被公安當局從家中逮捕，至今下落不明，簽名的則被約談、騷擾、恫嚇，而引起全球各國政界文教界的關懷，二十三日有許多諾貝爾獎得主、捷克前總統名作家哈維爾及台灣中研院士余英時等在內的國際知名人士一五〇多人共同寫信給中共主席胡錦濤，要求釋放。但中國全無法律程序，置之不理。

《零八憲章》其實只是普遍性的民主ABC宣言而已，並非替中國擬訂一個新的憲法草案，也不涉及對中國政府與領導人的評擊。然而中國當局對自由民主的恐懼，不待《憲章》的發表，先下手撲滅、抓人。

《零八憲章》的「基本理念」揭櫫的命題是：「自由、人權、平等、共和、民主、憲政。」這也是中國政府所不敢反對的，只是定義、作法與民主國家迥異。其次「基本主張：修憲、分權、立法民主、司法獨立、公器公用、人權保障、公職選舉、結社集會言論宗教之自由。」主張修憲，以達成「分權」以下諸項的民主自由制度的保障。

以當代民主理論標準觀察，這仍是配合中國統治集團的國策，一是不敢明言丟棄共產主義，儘管今日中國的共產主義有名無實，但依舊是中國的圖騰，一如國民黨憲法的三民主義一樣。二是仍提中華民族，《憲章》：「當今世界大國裡，唯獨中國還處在威權主義政治生態中，束縛了中華民族的自身發展。」當然沒有「中華民族」這樣虛擬的民族，這是大漢民族霸權主義的基礎[3]。三是最重要的是沒有提「公（住）民自決」的原則，中國境內有數百種被統治的民族，由反抗而動亂，而促成中國必須中央極權高壓的因素之一。「自決」是聯合國諸人權公約的重要指標，戰後西方殖民地數以十計的紛紛獨立，甚至允許國內的部分，只要公民投票通過，即可分離獨立，如斯洛伐克、魁北克、蘇格蘭（後兩者尚未通過）。而中國卻有〈反分裂國家法〉，慘酷的對付異己。

《零八憲章》顯然不敢批中國之逆鱗，但總算提出「中華聯邦共和國」的方向與目標。在歐洲不同語言即為不同國家，在中國是不可能的，連本來是獨立的異文異教異種的圖博（西藏）都難逃出掌心，遑論其他。至少組成如聯邦式的國家，在現階段應該是合理可行的。但中國根本不可能讓各個地區，尤其異族地區有較大的自治權，根本拒絕所有一切自由民主的改革，胡錦濤說：「中國不走改旗易幟的邪路。」[4]

三、民族主義

中國缺乏民主制度來保障社會的安定與發展，沒有監督制衡的力量，經濟愈開放、特權愈橫行，太子黨壟斷官商，全國一%人口，佔有六十%財產，而且沒有合理公正法律與司法，對農工的剝削、對土地的污染，即使有軍警的壓制，每年仍有十多萬件大小的抗爭、遊行、流血的事件發生。今日中國政府嚴厲對人民控制的機制，是超越二十世紀上半葉軍閥與國民黨時代，須知從五四運動到六四天安門事件，是中國知識分子一脈相傳爭自由爭民主的運動。

一九八九年天安門事件的同時，蘇聯瓦解，各加盟共和國及東歐附庸國全部獨立。中國仍高倡「愛國主義」與「中華民族」，來包裝共黨集團的少數統治。本來共產黨人是強調階級、少講種族的。結束反而學習資產階級的國民黨，來喊叫不存在的中華民族，企圖用國家之名用文化之力把被統治的人民、異族騙成與統治者、統治民族為一國族。為著要掩飾國內的矛盾、凝聚團結，就是不斷要有中國的敵人存在，讓人民相信有要對付中國、反對中國、欺負中國、分裂中國的帝國主義、資本主義國家，無時不刻，虎視眈眈。中國人必須奮起反抗，為祖國的傳統、尊嚴、榮耀、強大，即使犧牲個人，在所不惜；因此愛國主義、民族主義是建立於「被迫害的妄想症」之上。二次大戰已過一甲子，最大的殺戮在歐洲，德國與美、法、以色列以及與俄國已重修友好；最慘酷的死亡在日本與美國之間，他們早成為盟邦。日本侵略中國確是罪大惡極，但今日中國人（與台灣中國人）被教育繼續仇日，是人類前進的合理態度嗎？

中國不能實施自由民主、不能以多元文化看待世界，民族主義方興未艾。民粹的、瘋狂的，結合了中國儒教的華夷思想、大一統，構成擴張性的霸權主義。然而自由民主的思想所以成為普世的價值，是它符合人類人文與理性主義的精神。這種精神，在古老的漢文化中，亦蘊藏著充沛的人文與自然主義的源泉，從老莊開始，批判與反儒、反威權的涓涓細流、蔚成為中國漢文明反主流的一股不可切斷的長河。辯證的發展，中國有機會回歸自由民主的大道上，站在台灣的立場，亦十分樂見中國能夠蛻變。

四、天朝教化

現在的中國——中華人民共和國，是現代國家，在它所在土地上，曾經建立的國家之名，在十九世紀以前都不叫中國。「中國」是二、三千年前出現在黃河中游一帶華夏人的自稱的地理空間，不是國名，表示是世界的中心、最文明的地方。在當時黃河及長江的中、下游的民族成千上萬，主要有三個民族集團，除華夏外，有東夷、百越（包括「苗蠻」）都不是中國，被視為蠻夷——野蠻人，必須臣服天朝的中國，這是為華夷之辨[5]。在不同時代中，他們曾是獨立的民族，甚至是獨立的王國。隨「中國」的膨脹，而被淹沒於中國之中，事實他們的子孫尚在，在今天被中國官方歸為「漢族」，而操不同所謂「方言」的人，其實都是不同的種族，原來他們各自有更多的族語，可惜大多消失了。「漢族」也是虛構的，從語言學看，只有藏漢語系的「漢語族」，一如印歐語系中的日耳曼、或斯拉夫語族的位階一樣，日爾曼語族中的英、德語，與吳語、閩語一樣的位階一樣。然而吳人、閩人的命運與英人、德人大不相同。

印歐民族定居於歐洲，至今有近五十個不同語言的民族，幾乎都有自己獨立的國家，是人類近代自由、民主的發祥地；而藏漢語系民族有更早的古文明，土地與歐洲相若，漢語族與藏語族卻只有一個國家——中國，而中國事實現在仍有一百三十多種的語言，而大半奄奄一息。[6]

歐洲走向多元，東亞走向一元。常被解釋中國之所以偉大之處，問題是本來是多元的多樣性，硬被擠壓為一元，違反了生命的多樣性，適足以使中國癰腫不能繼續前進。

「中國」及其文明的源頭，早就有「華夏我族中心」的天朝思想。到了二千二百年前的漢帝國有很突出的躍進，奠定儒教與大一統的中國傳統政治的性格，後人遂將方塊字、華夏人及其語言泛稱為漢字、漢人、漢語。漢人變，漢語變，漢字則不變，與天朝、儒教、大一統成為深層的結構，使「中國」始終成為天下中之「中國」，高高在上。

華夏族建立周王朝，其所分封的一些諸侯國，稱為「諸夏」或「中國」，「中國」是「四夷」相對稱呼，是中心的文明人要統治邊陲的野蠻人，中心平原區，又稱中原，任何民族攻佔中原，都樂於自稱中國，為首的稱天子，政權稱天朝，四方稱為諸侯，向天朝天子稱臣，接受教化，一直到清朝皇帝，仍以為自己是世界最高的支配者，世界沒有可以與自已平起平坐的國家存在。天朝極權，可以負人，不可負於人。共產中國便以這種天朝思想，轉化為大漢民族主義，來激發愛國主義、仇外主義。殊不知原本中國中原的四方，如江南、嶺南都不是中國，這些種族被來自中原政權的屠殺、佔領、同化，又成了中國人，再去教化更外圍的「野蠻人」。一六九七年江南浙江的郁永河來台灣採硫磺，稱台灣原住民為「真禽獸。」他說：

「苟能化以禮義，風以詩書……使咸知愛親、敬長、尊君、親上，遠則百年，近則三十年，將見風俗改觀，率循禮教，寧與中國之民有以異乎?古稱荊蠻斷髮文身之俗，乃在吳越近地，今且為人文淵藪。」7

這歷史的見證，本為南島語系台灣人，已被教化為「中國人」了。教化的重要工具是漢字。

五、漢字的滲透力

漢字已逾三千年歷史，以象形為基礎，再發展為意符，及加上音符，雖然不是拼音文字，卻能反映上古中原語音的現象，增加許多形聲字，成為漢字的主要的組分。雖然漢字使用空間的擴大與時間的延長，使文字中的形聲字與各地、各時的發音不同，但能掌握數百個音符，就能讀同音符的文字，而只要化工夫認識幾千個（二、三千已足夠）方形圖字，即使不知讀音，亦可略知文意。那麼漢字漢文比較可以不受語音變遷的影響，可以跨越不同的時空。使用漢字地區，可通古人文字，亦可通異語異地的文字。中原所統治、或所羈縻邊陲的異族、或沒有文字的異地；幾乎沒有選擇的餘地要學習漢字。講黏著語的朝鮮、日本人，可以跨越孤立語漢語來認識漢字。尤其漢字兼備形、意，充滿意識型態，如「仁」「義」「道」「德」「忠」「孝」，感染力與滲透力強大無比，非拼音文字所及，孔孟儒教的階級與親疏的封建思想、中原文化的價值觀，經由漢字、漢籍以及科舉的功利，無數「蠻夷」不待語言消失，本民族思想的主體性先滅，則語言之亡無日矣。漢字成為東亞的文化霸權，此亦是中國近鄰越南、朝鮮要廢漢字的主要因素。

反觀歐洲，稍晚於秦漢的羅馬帝國興起，羅馬（拉丁）字母拼音伊始，後隨基督教傳播而散諸全歐，拼音系統符號是依語音的不同與變遷而異的。不會說某族語，就看不懂某族文。但創造拼音文字很容易，有文字的民族，就能容易的傳承本族的文化，不容易被異族同化。而且歐陸並無文化的中心說（如中原）與大一統的久分必合的思想，多元語文的傳統一直延續到現代民族國家的產生，歐洲主要的語言都有自己的文字，都有自己的國家。當然這是符合基本人權的發展。

然而漢字要成為詞、成為文，畢竟要受語言的影響，日、朝早有自己的漢字讀音，而東亞中原漢語在蒙古時代受阿爾泰族語的影響，無入聲的北方官話崛起，漢字漢文亦配合改造，而有白話文之興。在台灣，因主體性的建構，而有台文與台灣文學，我們不得不承認漢字具有強烈的韌性，可以接受改造，適應多元語文系統的發展。

以上就是何以歐洲多語能多國，中國多語只能一國的重要因素。嚴重的是中國一國，表面上是尊重各原住（少數）民族的語文，實際上是欲撲滅而後已，以絕分裂主義的後患。

六、霸權與民主

「中國文化」是戰後中國國民黨用以來教育台灣人拋棄台灣的利器，怪不得近時成為許多人叫罵的污名。我們必須嚴正的辨識漢字文化與中國的政治文化，其中漢字文化，是台灣文化的重要基礎，戰後又經六十年的薰陶，台灣不可能逃脫漢字文化、或漢文化圈。最重要的是要如日韓一樣建立台灣的主體性文化，並客觀的認識漢字文化的優劣，特別是學術思想的部分。中國那麼大那麼久，其中一定有大而久的因素。

以思想內涵來觀察，孔子與儒家是中國文化的主軸。孔子生於社會秩序開始轉變激盪的春秋，主張「克己復禮」，恢復西周周公禮制，要「尊賢」，別貴賤；要「親親」，別親疏。強調階級性的仁、孝等德目，以及因才施教等頗為傑出的教育思想。孔子與其後主人本的孟子等結為儒家的學派，漢朝以後，孔子及其子孫家族成為政治的、宗教的儒教，成為帝王的守護神。包括大一統的中央集權、讖緯迷信的神學、封建階級的禮教、聖人的先驗道德、家天下的父權、封錮人性的科舉，構成了阻礙思考、批判與妨害當代自由、民主的儒教。形式上，孔孟仁義，是廟堂之學、冠冕堂皇。暗地裡，卻取乎法家下法的權謀詐術，才是中國政治文化的力道。

孔、儒為統治者穩定社會、鞏固權力而發言，歷代王朝沒有改變其主流的角色。先秦諸子墨家、道家、法家相對的以不同立場批判孔子。其中崇尚自然主義、個人主義的莊子成了中國反孔儒、反威權一系的鼻祖。莊子認為統治者才是大盜，盜取政權成功則成為合法，然後用仁義道德包裝。莊子對教條存疑、反對束縛干預、在漢代有了王充、在魏晉有嵇康，到唐代，史家劉知幾是最有學術深度的反對孔儒，懷疑經書，其後戕賊人性的科舉大行於明清、李贄說：「千百年而獨無是非者？……咸以孔子之是非為是非。」[8]而終於被迫死於牢中。其後經清代的經書辨偽，到民國初年五四運動的「打倒孔家店」，使中國知識分子開始認真去認識要實現「民主」與「科學」，必須清除孔儒的封建思想。中國共產黨於焉誕生。陳獨秀認為：孔子之道和封建的三綱學說，是「製造專制帝王」的根本原因。[9]思想進步的學者如李大釗、魯迅、胡適、吳虞等無不批孔批儒，影響本世紀三十年代中國新文化、文學藝術的躍起。反儒、反威權思想是中國文化辯證發展的另一支傳統，它不斷的促使儒教、威權產生變化，亦是改朝換代的一股力量。

中國共產黨的思想基本上是以馬克思的階級鬥爭為基礎，領導農工無產階級向封建地主資級鬥爭以奪取政權。毛澤東新民主主義革命的理論：便是要推翻三座大山：帝國主義、封建主義、官僚資本主義。反封建是符合民主潮流，也是符合中國反主流孔儒的一系的傳統。十年文革的浩劫，用「批林批孔」的民粹，來行鬥死劉少奇的目的。但孔儒與中國傳統藝術文化幾乎被殲滅殆盡。荒唐的是以法家來鬥儒家，儒法本是中國王權的一體兩面，亦是共產黨專政極權的本質。中共學習歐洲馬列，實遠不如繼承中國封建傳統的多。共黨初創，含有若干自由主義的元素，較有理想色彩。獲得政權後，瘋狂專政，批判孔儒，和文革盲目的批孔。六四鎮壓民運後，終於紅色中國又走回二千年尊孔儒的老路，這是天大的諷刺，是中國共產黨的另一次「大文革」，所有反孔反封建的文獻，不知如何改寫。然而問題就是這麼簡單：反儒反威權教條的傳統之延續，必會與近代的自由、民主合流。害怕自由、民主，而回到尊孔尊儒的老路，是符合極權中國的利益。

中國共產黨已無馬克思共產主義的成分，在陶醉於「大國崛起」的氛圍中，於全球投資辦理以百計「孔子學院」。二〇〇四年「文化高峰論壇」，名流領銜發表《甲申文化宣言》號召重建、弘揚中國文化傳統與核心價值。並開始推動「讀經運動」，要把《四書》《五經》當學生教材。二〇〇五年在曲阜舉行「國際文化節——祭孔大典」，祭文稱「小康初成，大同在夢，欣逢盛世，強國威風」。中國不僅共黨一黨專政，而且有天子太子黨的官商壟斷。終於又與中國國民黨合流，可以以孔儒向台灣統戰，他們向台灣採購陳立夫編的《中國文化基本教材》（四書節本）。中國重返孔儒懷抱，更是與自由、民主之路是背道而馳的。

當此一片孔熱之時，北京大學教授李零出版《喪家狗：我讀《論語》》批判孔子《論語》而遭到反彈，卻又得到「中國圖書評論學會」列為二〇〇七年十大好書之首，時空吊詭，中國彷彿又回到五四運動前。然而歷史腳步不可能停駐，中國不可能自外於世界，辯證的發展，霸權亦不可能永恆，今日國家霸權與人民民主力量雖然懸殊，但民主是全球的巨流，中國霸權雖大，其奈若何！《零八憲章》是無法撲滅的。霸權是超越己身內部結構的均衡，是會撕裂結構體，不論對內對外，歷史上的霸權必然崩解，只是時間的早晚而已。

七、台灣漢學

台灣原屬於南島語的海島，與東北亞大陸中國的關係，比起韓、日、越南之於中國，既疏且遠。但地緣和歷史的作弄，使這個南島語區進入了中國的版圖，成為全球南島語區唯一漢字文化圈的成員。而且，在二次戰後殖民地解放的時刻，台灣原住民、閩、客的語言地圖，全又被塗上了北京話的顏色。逾六十年迄今，自由、民主的思想、運動，使台灣主體意識蓬勃發展，不因路途坎坷，台灣的國家認同幸已過大半矣。

不可否認，漢字及其文化，亦是台灣文化的最重要成分。在歷史發展中，已蔚成一個龐大的，包括語言、哲學、史學、文學、藝術、科技的綜合文化系統，宗教信仰除漢字背景的道教外，來自印度的佛教，早已蛻變成漢字的大乘佛學。這些皆可供學術研究（屬於漢學），其遺留下來亦足以成為生活的方式與價值的。台灣可以取之與東西洋文化的融合，改造再生。

個人年少時，即好老莊，浸淫於莊子的自然、懷疑、批判精神之中。到了美麗島大審時，乃進入嵇康之門，欣賞其「龍章鳳姿」。後又下探史家劉知幾之學，以至於近代哲思，前後研究反孔儒、爭自由的一派學風，凡五十年，知漢學亦足以啟發獨立思考的能力。其中後二十年回歸本土，希望能對台灣主體性與哲學思想能盡綿薄之功，能為台灣在世界文化尋找應有的地位。

二〇〇九年一月十九日通宵作序，此日適七十初度。

註釋

1 自由之家（Freedom house）二〇〇八年及二〇〇九年的統計：1至2.5級為自由，3.0至5級為部分自由。5.5至7級為不自由。其中再分二項，中國的成績皆沒有進步，「政治權利」是最低的七級，「公民自由」是次低的六級，兩項合歸為「不自由國家」。台灣在兩年中皆為「自由國家」。

2 中國中山大學袁偉時評〈大國崛起〉稱「較強烈的富國強兵的味道。」「富國強兵需要正確制度積累，光發展經濟科學技術，可能走上危險的岔路，或國富民窮或侵略掠奪別國」該片「迴避了民主制度憲政和保護公民的財產權，保護自由的重要性」。《搜狐評論》二〇〇六年，十二月十二日，按中國學者只是側面輕輕涉及，不敢正面批評。

3 拙作《中國論．中國與霸權主義的形成》一九〇頁—二〇九頁，玉山社。

4 二〇〇八年十二月十八日談話。

5 又稱「天朝思想」日本稱為「中華思想」。

6 中國官方稱漢語有八種「方言」：閩、粵、客、吳、贛、湘、晉及官話。所謂方言是異於「普通話：官話」的地方語言，是政治詞彙。其實都是獨立語言。

7 郁永河《裨海紀遊》卷下。

8 李贄《藏書．紀傳目錄論》。

9 陳獨秀《舊思想與國體問題》。

目次

第一章 通論

前言

中國古代漢籍文獻富厚，以文學而言，從《詩經》以下，洋洋大觀，自不待言。而記錄文化發展歷程的歷史、政書，更是淵源流長，像《尚書・典謨》甚至早於〈國風〉，尤其是對社會現象，森羅之廣，刻鏤之深，迥非文學作品所及。《隋書・經籍志》記先秦到南北朝隋代的集部文學著作有五五四部，共六六二二卷，而史部則多達八一七部，凡一三二六四卷[1]，卷數足足超出一倍，出乎我們想像之外。

魏晉南北朝是文學、史學並為鼎盛的黃金時代，文學、史學皆開始獨立，別樹一幟於經學之外，彼此的作品皆臻於成熟完美的境界。於文學理論則產生了《文心雕龍》的巨構，可是史學理論之作卻曠南北二朝而闕如，一直到唐初才出現了《史通》。

魏晉南北朝時，雖國家林立，朝代短暫，照說史家只要站在新朝立場來寫舊朝就不成問題，但歷史批判與文學批評不同，它必須直接、真實的去碰敏感的政治問題，必須跳出已朝的立場去歸納長時的歷史規律。這在深文苛細，殺戮慘重的時代，有那一個史家膽敢放手去做呢？唐初對前朝而言，是一個言論較開放的社會，官方鼓勵直言、學術走向多元，為《史通》提供一個有利的史學批評環境[2]。儘管劉知幾也自知將「獲罪於時，固其宜矣」[3]，畢竟可以安然過關。

《史通》迄今已一二〇〇多年，在近代西洋史學傳入中國之前的漫漫歲月中，沒有一部史學論述可以超越它的價值。劉知幾的歷史哲學架構，是由史官的使命感，產生道德勇氣，進而以客觀的直筆，反映社會，最後落實到人文主義之中。雖然他若干論點有所瑕疵，整體而言，是符合現代的、科學的歷史學精神。以下便是從這個架構來評析《史通》的內涵。

此外，《史通》除了對史學的巨大貢獻外，今天對學術的另一功能，就是劉氏所引到的龐雜猥多的典籍及資料，現在許多皆已亡佚，這對於探討中古以前的遺籍、文獻，將成為曠世的寶庫，這將有待今後的努力。

一、劉知幾的生平

劉知幾（六六一～七二一年），字子玄，盛唐人。睿宗即位景雲元年（七一〇年），他任職東宮，以「幾」字與太子李隆基的基字音同，避諱而以字行。據他自己的考證：他家係出於漢宣帝兒子楚孝王劉囂之後，世居徐州彭城[4]。

他自幼年就顯示著對史學的天分，十二歲，他父親劉藏器教他《古文尚書》，因厭惡文辭艱澀，而時常挨打，但旁聽父親為他哥哥所講的《春秋左氏傳》，卻非常喜歡，因此改讀《左傳》，一年就讀完了，而後再讀《史記》、《漢書》、《三國志》，到十七歲，大致看完了從東漢到當時（唐高宗）人所作的史書、實錄。他認為《漢書》不該有〈古今人表〉，因為當中人物皆為古人，而沒有漢人，而《後漢書》應該把最早創基的劉玄，由〈傳〉改為〈紀〉，由此可見，他從小就有富批判性的獨立思構能力。但大人們卻說他：「童子何知，而敢輕議前哲。」[5]

二十歲舉進士，授懷州獲嘉縣主簿（今屬河南省）。在武則天稱帝後，他以一個九品的地方小縣的屬官，時時上書武后，請求淘汰尸位素餐的冗吏，並批評升官與用人失之太寬。

三十九歲，任定王府倉曹，兼任編輯武后所敕修的大類書——《三教珠英》的工作。四十二歲，任祕書省著作佐郎，兼修國史，不久轉任門下省的左史，撰寫起居注，後來再轉為鳳閣（中書省）舍人，同時繼續兼修國史。四十五歲時，武后去世（七〇五年），中宗李顯即位，為著作郎，又升為太子率更令，除仍在修國史外，又參與編纂《則天大聖皇后實錄》，次年中宗回到長安（武則天長期住東部——洛陽），他獨留洛陽，私下銳意撰寫《史通》，前後三年，有人向朝廷打報告說他：「史官不寫國史，而私自著述。」因被召回長安，修國史，當時工作極為惡劣，宰相韋巨源、紀處訥、楊再思、宗楚客、蕭至忠等或同時或先後監修國史，意見不一，而史官無權，知幾乃上書宰相蕭至忠，稱「五不可」為史之因。要求辭去修國史的工作，但被拒絕[6]。

中宗景龍四年（七一〇年）五十歲，《史通》二十卷五十二篇大抵寫定。同年睿宗即位，任太子左庶子，兼崇文館學士，次年太子李隆基將釋奠國學，當時主管官員規定隨從官吏要乘馬穿戴衣冠，他上書博引史事，以多不切實際，主張廢除，後遂成為定例[7]。

開元三年（七一五年），五十五歲，升任門下省的左散騎常侍，仍兼修史工作。九年，因長子劉貺為大樂令，犯事流配，知幾找執政訴理，而被玄宗貶為安州別駕，不久即病亡，年六十一。

知幾學貫經史、文兼散儷。領國史三十年，著述甚多，除《史通》外，有《劉氏家史》十五卷、《劉氏譜考》三卷、《睿宗實錄》十卷、《劉子玄集》三十卷，與他人合撰的有

《三教珠英》、《姓族系錄》、《高宗、則天皇后、中宗實錄》，以及當時的國史《唐史》，可惜皆已亡佚[8]。

二、《史通》著述的動機

劉知幾著《史通》之動機，分述如下：

（一）記錄長期積累的歷史研究見解

劉知幾從小喜愛史學，好批評人物史事，有獨立思考，不苟同於世俗陳說的稟性。〈自敘〉篇說：

「自小觀書，喜談名理，其所悟者，皆得之襟腑，非由染習。……始知流俗之士，難與之言，凡有異同，蓄諸方寸。」

在中進士後，潛心諸史，搜書苦讀。「洎年登弱冠，射策登朝，於是思有餘閑，獲遂本願。旅游京洛，頗積歲年，公私借書，恣情披閱，至如一代之史，分為數家，其間雜記小書，又競為異說，莫不鑽研穿鑿，盡其利害。」（同上）他在漫長的研讀中，甚至於有全面整理自《史》、《漢》到唐前五代史《梁書》、《陳書》、《北齊書》、《北周書》、《隋書》等所有史書的壯志。可惜雖有能力做到，因環境不允許而不敢為，所謂「實能之而不敢也。」（〈自敘〉）因此只有把讀書研究所得創見，不斷的加以記錄，使「下筆不休，遂盈筐篋」（〈序錄〉），如〈疑古〉篇說：「古文載事，其詞簡約，推者難詳，缺漏無補，遂令後來學者莫究其源。……今故評其疑事，以著於篇。」〈暗惑〉篇說：「夫人識有不燭，神有不明，則真偽莫分，邪正靡別……史傳敘事，亦多如此，……古來學者，莫覺其非……今聊舉一二，加以駁難。」而〈雜說〉篇，亦為早年讀書札記。後來乃仿《淮南》、《法言》、《論衡》、《風俗通》、《人物志》、《典語》、《文心雕龍》之精神，再加以「區分類聚，編而次之」（〈序錄〉）以完成《史通》之巨著。

（二）宣洩被壓抑的史官獨立著述精神

唐朝史館用以編修國史，但無專任編制的史官，都由其他機關人員調用兼任，素質不一，合作困難，到了武后、中宗之時，充於史館者，多為賣弄詞藻之文士，全無歷史專業知識，能操史筆者「十無一二」（見〈覈方〉篇、〈史官建置〉篇）。

尤其糟糕的是監修者由宰相兼領，宰相又皆皇帝之恩幸小人，時時隨黨爭、政變有所更易，監修的原則既不能前後一致，而所引用的史官，亦皆私人。史官不論才學，不論績效，全憑有靠山背景升官，劉知幾守正耿直，不附權勢，在中宗即位後，官吏都能靠關係攀官，他連續四年到五十歲仍任「從四品官」。中宗回長安，大家爭著跟回，以包圍權力核心，他被排擠在後面，乾脆就請求留在洛陽，私下把精力放在《史通》的纂述上。後來被讒，調回京師修史，在官僚體系的束縛下，有抱負有理想的他，自然無從發揮。於是上書宰相請辭。他認為「五不可」為史的理由是：

（一）古史成於一人，史家得自由撰述，而今則多人，觀念不一，相互掣肘，以致曠廢時日。

（二）朝廷文書資料，不能提供給史館，史官所用資料難以自行搜集。

（三）史官撰寫，內容不能保密，因此怕得罪權貴，而不敢直筆。

（四）史官受監修者控制，不能申張公義、裁定是非的歷史功能。

（五）史館工作之分配，權責不明。（以上見〈忤時〉篇）

這五點只是輕描淡寫的說詞，其背後的黑暗面，不知有多少的辛酸，先前，他要求更改《武后實錄》的錯誤，而被專擅威福的武三思拒絕[9]。可知他的歷史觀全不能從修史工作中反映出來。

他所追求史官最高尚的任務是「彰善貶惡，不避強禦，若晉之董狐，齊之南史，此其上也。」（〈辨職〉篇）不懼強權，寧可犧牲性命，以捍衛歷史真相的史官獨立著述精神，是劉知幾一生嚮往的目標；而理想與現實之矛盾，使他痛苦不堪，唯有透過一本著作來傳達他鬱鬱的心懷。「鬱怏孤憤，無以寄懷，必寢而不言，嘿而無述，又恐沒世之後，誰知予者，故退而私撰《史通》，以見其志。」（〈自敘〉篇）則對《史通》是否能流傳後世，實是他難以用筆墨形容的期待。他深恐「此書與糞土同捐，煙燼俱滅。後之識者，無得而觀。此予所以撫卷漣洏，淚盡而繼之以血也。」（〈自敘〉篇）一千餘年後猶讓讀書人心有戚戚同感焉。

三、《史通》的結構

《史通》之名，由劉知幾自定，〈序錄〉篇：

「昔漢世諸儒，集論經傳，定之於白虎閣，因名《白虎通》。予既在史館而成此書，故便以《史通》為目。且漢求司馬遷後，封為史通子，是知史之稱通，其來自久，博采眾議，爰定茲名。」

按《漢書．司馬遷傳》顏師古注引應劭曰：「以遷世為史官，通於古今也。」是「通」有古今之義，《史通》是古今史論的意思。

《史通》二十卷，分內外篇。原書目有五十二篇，後存四十九篇。卷一至卷十為「內篇」共三十九篇，最後三篇，有目無文。卷十一至卷二十，共十三篇為「外篇」。

關於已佚三篇〈體統〉〈紕繆〉〈弛張〉的問題，可能是三篇最為激烈，影響時人，而被他自己抽掉的，然後把存目放在本來是「內篇」最後一篇的〈自敘〉之後。在〈序錄〉的自注說：「除所闕篇，凡八萬三千三百五十二字，注五千四百九十八字。」則知這個字數是不包括三闕篇的，不幸因之失傳，可惜可歎。《新唐書．劉知幾傳》便直稱他：「著《史通》內外四十九篇，譏評今古。」宋人早就不知此三篇之義了。

分篇內外及其次第全由知幾編排，因依原書之目為原則，歸納析論其結構及內容簡述如下：

（一）內篇：史書的體例與史書的編纂方法

史書的分類：三篇

〈六家〉：史書的派系分六家：尚書家、春秋家、左傳家、國語家、史記家、漢書家。

〈二體〉：史書編寫的形式分：編年體與紀傳體。

〈雜述〉：雜史的分類。可分偏紀、小錄、逸事、瑣言、郡書、家史、別傳、雜記、地理書、都邑簿等十類。

史書的體裁：六篇

〈載言〉：史書中所引的辭賦、文章，應抽出單獨別立一書。
〈本紀〉：帝王編年史。
〈世家〉：諸侯國別史。
〈列傳〉：人臣、平民的傳記。
〈表曆〉：史書的世系表，因繫以年月，故稱表曆。
〈書志〉：文化史。

史書體例的原則：七篇

〈論贊〉：篇後對歷史人物、事件的評論。
〈序例〉：篇前的旨意說明。
〈題目〉：史書書名與篇名。
〈斷限〉：通史、斷代史的起訖年限。
〈編次〉：史書編輯體例與篇目歸屬。
〈稱謂〉：歷史人物的名位稱呼。

〈補注〉：史書的補釋、注解。

史料的取捨：六篇

〈採撰〉：史料的採集、判斷。

〈載文〉：史書引用詞章詩文資料的原則。

〈因習〉：不可抄襲前代的詞彙、體例、史觀。

〈邑里〉：（一作〈因習〉下）對歷史人物的籍貫採落地土斷主義。

〈言語〉：史書中所引口語對白的分析。

〈浮詞〉：史書用詞不可浮濫不實。

史書編纂的方法：十篇

〈敘事〉：史書記錄史事的方法。

〈品藻〉：鑒別歷史人物品類高下的方法。

〈直書〉：史官應真實而直接的書寫歷史。

〈曲筆〉：因顧忌而曲折的書寫歷史，有違史書實錄的精神。

〈鑒識〉：對史書價值的評鑒與識別。

〈探賾〉：探究前人錯誤的史論。

〈模擬〉：評論對前史體例、寫作的仿作。

〈書事〉：史書記錄史書的範圍。
〈人物〉：史書收錄人物的原則。
〈煩省〉：論史書內容的繁多與簡約。
史家的職責：四篇
〈覈才〉：修史要由專業的史家擔當，不可由文士充任。
〈序傳〉：論史家的自序。
〈辨職〉：辨正史家的職責。
〈自敘〉：劉知幾《史通》內容的後序。
亡佚：三篇
〈體統〉、〈紕繆〉、〈弛張〉。

（二）外篇：史學的源流及經史的批判

史學的源流：二篇
〈史官建置〉：史官史。
〈古今正史〉：史籍史。
歷史懷疑論：有三篇，開疑古學風之先河

〈疑古〉：懷疑《尚書》古史不實者十事。

〈惑經〉：疑惑《春秋》不實者十二事，後世虛美者五事。

〈暗惑〉：駁正《史記》、《漢書》等史虛誣迷信，而後人不察者十四事。

比較史學論：一篇

〈申左〉：申張《左傳》勝於《穀梁》與《公羊》。

編纂點校法：一篇

〈點煩〉：以色筆點去史傳煩贅的文字。

讀史札記：三篇

〈雜說〉上、中、下：為雜論諸史的札記，共六十五條。

《漢書．五行志》研究：二篇

〈五行志錯誤〉：評析《漢書．五行志》之蕪累不精者，有四科。

〈五行志雜駁〉：評論《漢書．五行志》中關於春秋時事十五條。

外篇的後序：一篇

〈忤時〉：因劉知幾懷才不遇，得罪當道，以「五不可」向宰相蕭至忠求去史職的記錄。

以上的歸類，就各篇內容而言，實在劃分不易，劉氏許多強烈的觀點，經常重覆出現在各篇之中，外篇除〈史官建置〉、〈古今正史〉、〈忤時〉三篇為資料性外，大抵都是讀書的札記，〈惑經〉、〈申左〉、〈五行志雜駁〉都是讀《春秋》、《左傳》的意見所整理出來的，〈點煩〉一篇，是校書的示範，實可併入內篇的編纂法之內。總之，史學的理論與實際之體系性，遠比文學複雜，〈史通自敘〉稱：「其書雖以史為主，而餘波所及，上窮王道，下掞人倫，總括萬殊，包吞千有。」就是包括政治、社會、文化的範疇，這是《史通》不如《文心雕龍》結構井然之所在。但史家的與奪、褒貶、鑒誡、諷刺的直接言辭，（〈自敘〉）給予統治者如排山倒海之壓力，並否定「言者無罪，聞者足戒」的功能，劉知幾早就自知「此書多譏往哲，喜述前非。獲罪於時，固其宜矣。」（〈自敘〉）

四、歷史的任務——直筆實錄

歷史要「善惡必書，斯為實錄」（〈惑經〉）要做到「直筆者，不掩惡不虛美」（〈雜說下〉）則歷史就是要實錄，要直筆，記好人好事，不僅不困難，而且受人歡迎，要記壞人壞事，就不是那麼容易了。須知被記的歷史人物多為有權勢的在位者，封建社會中權力的果實，非不擇手段，無所不用其極者，不足以攫取；則壞人壞事一定比好人好事多。劉知幾認為歷史的任務，就是讓壞人壞事，顯露社會，流傳千古。他說：「史之為務，申以勸誡，樹之風聲。其有賊臣逆子，淫君亂主，苟直書其事，不掩其瑕，則穢迹彰於一朝，惡名被於千載。」（〈直書〉）敢寫有權勢的當朝統治者的壞事，是史家的第一等任務。〈辨職〉篇：「史之為務，厥途有三焉，何則？彰善貶惡，不避強禦，若晉之董狐，齊之南史，此其上也。……」

敢向權貴挑戰，是要殺頭的，像晉太史崔杼弒君，吳韋昭拒絕為孫皓父親作紀[10]，北魏崔浩直筆以記國史就是[11]，因此要求實錄，是很艱難的，但劉氏仍對直書實錄，給予高度的評價與期許。他對北齊宋孝王的《關東風俗傳》及北周王劭的《齊志》，他們無懼於所寫貴族的子孫尚在，風骨凜然，曾無憚色，真是威武不能屈的大丈夫[12]，尤其是對那些不惜生命以捍衛史實的史官，給予無比的景仰。〈直書〉篇說：

> 「烈士徇名，壯夫重氣，寧為蘭摧玉折，不斥瓦礫長存。若南、董之仗氣直書，不避強禦，韋、崔之肆情奮筆，無所阿容。雖周身之防有此不足，而遺芳餘烈，人到於今稱之。」

反之，劉知幾最痛恨偽錄、曲筆。古代社會，「史氏有涉君親，必言多隱諱。」（〈曲筆〉）孔子的「子為父隱，直在其中」[13]，而《春秋》的「錄內而略外，於外大惡書，小惡不書；

於內，大惡諱，小惡書。」[14]是本國大惡不記，專記外國；這就是「為尊者諱」與「為賢者諱」。徇於私情，懼於權勢，歷史全走了樣，豈止是劉知幾時代的悲哀而已，亦當代之大痛，悲夫。

還有在〈載文〉篇記五種史書引用文章的過失：

1. 虛設：如「禪書」「讓表」分明是奪權，卻虛言禪讓。
2. 厚顏：「誥誓」「移檄」全是飾辭矯說。
3. 假手：「詔誥」由臣下代君主撰寫，全是自吹功德，妄比堯舜。
4. 自戾：帝王對臣下所褒貶之辭，皆憑其個人喜怒之衝動。
5. 一概：詩文只報喜不報憂，對統治者全捧為聖明英偉。

以上五種資料若取入起居注、國史、文集之中，當然就產生不可靠的歷史。

「史之為用也，記功司過，彰善癉惡，得失一朝，榮辱千載。」（〈曲筆〉）歷史就是要讓社會發展中的所有歷史現象（historical phenomena）的整體，赤裸裸傳給千秋萬世的後人，這就是歷史的功用。讓後人吸取前人善惡的教訓，就是歷史的教育。

劉知幾彰善癉惡的歷史教育精神，貫穿《史通》字裡行間，特別強調的，除以上所引諸篇外；又見於〈書志〉、〈載文〉、〈品藻〉、〈人物〉、〈辨職〉、〈史官建置〉、〈雜說下〉等篇的文字之中。

五、史家的首要條件——道德勇氣

劉知幾認為上古史官雖是帝王、諸侯的臣子。但卻不是用來歌頌、粉飾統治者的英明睿智、偉大功業的，而是用以真實的記錄歷史現象，使得「其人已亡，杳成空寂，而其事如在，皎同星漢。」（〈史官建置〉）特別是記統治者言行起居的起居注一職，傳統上是不受人君干預的，其所記的連帝王都不能看。唐初褚遂良任諫議大夫，兼起居注：

> 「帝曰（太宗問）：『卿記起居，大抵人君得觀之否？』對曰：『今之起居，古左右史也，善惡必記，戒人主不為非法，未聞天子自觀史也。』帝曰：『朕有不善，卿必記邪？』對曰：『守道不如守官，臣職載筆，君舉必書。』」[15]

這是古代史官較能伸張正義之所在，也是劉知幾期待史官能「勸善懲惡」（〈史官建置〉）所依賴的傳統精神。

因之，史家的首要條件就是要有道德勇氣，來達成上文所說的歷史任務的實錄，《史通．辨職》所稱的「史之為務，厥途有三焉。」既是歷史的任務，也是史家的條件。上等是不畏強權，彰善貶惡。如晉董狐、齊南史。中等是編成史冊，流傳不朽，如魯左丘明、漢司馬遷。下等是高才博學，名重當時，如周史佚、楚倚相。前者是有崇高的道德勇氣，其次是有著作傳世，最後只是徒有名望而已。

史官在北朝末年起，分起居注及撰述為二途。即劉氏在〈史官建置〉所分的兩類：一是「書事記言，出自當時之簡」，指記當時言事之官；一是「勒成刪定，歸於後來之筆」，指整理資料成書之官。前者要做到「博聞實錄」即廣泛的見聞，真實的記錄，直接面對統治者的壓力，最為危險，董狐、南史即此類史官，可見要實錄就要有道德勇氣。後者要做到「儁識通才」即高超的學識、會通的能力。寫《漢書》的班固和寫《三國志》的陳壽，即此類史官。

劉知幾著名的「史有三長」說，不見於今本《史通》。也許寫入已亡佚的三篇中（尤其〈體統〉），其事則詳見於兩《唐書》及《唐會要》。《舊唐書》本傳稱：

「禮部尚書鄭惟忠嘗問子玄曰：『自古以來，文士多而史才少，何也？』對曰：『史才須有三長，世無其人，故史才少也。三長：謂才也、學也、識也。夫有學而無才，亦猶有良田百頃，黃金滿籯，而使愚者營生，終不能致於貨殖者矣。如有才而無學，亦猶思兼匠石，巧若公輸，而家無楩柟斧斤，終不果成其宮室者矣。猶須好是正直，善惡必書，使驕主賊臣，所以知懼，此則為虎傅翼，善無可加，所向無敵者矣。脫苟非其才，不可叨居史任。自敻古以來，能應斯目者，罕見其人。』時人以為知言。」

史才、史學、史識三者是史家最好能具備的能力（也是廣義的史才）。史才，是史家對史料分析歸納的研究編寫能力。史學是史家淵博的學養。至於史識，向來各家說法不很明確，其實在子玄的話中已說的很清楚，就是「好是正直，善惡必書……」即是上面所說的直筆實錄，就是史家所必須恪守的道德勇氣，是「三長」中的首要工夫。史才、史學，就是「儁識通才」以及〈辨職〉的中等、下等的三種類型。

清章學誠的《文史通義》在才、學、識外，再加史德。以為「具史識者，必知史德。德者何?謂著書者之心術也，……心術何由得正乎?夫子曰：『《詩》可以興』，說者以謂興起好善惡惡之心也。」[16]則知史德就是史識，心術正的概念，劉知幾早已談過，「正直者，人之所貴，而君子之德也。」（〈直書〉）而「好善惡惡之心」，《史通》也不知說過多少。所以另行標出史德，是多餘的，而章學誠把劉氏的史識縮小範圍，解為「斷其義」，只是史觀的判斷而已，也是不正確的。

總之，史識，我稱之為道德勇氣，和史才、史學成為劉知幾所認為的史家之條件。

六、歷史分類學的創見

劉知幾歸納諸史有六家，即《尚書》（記言）、《春秋》（記事）、《左傳》（編年）、《國語》（國別史）、《史記》（通史紀傳）、《漢書》（斷代史）六家。到隋唐之際，只有編年的《左傳》和斷代紀傳的《漢書》二體獨存而已。因此，他所說的二體，就是編年和紀傳。他敘述了六家的源流，及比較二體的長短，尤其是對後者深入研析、客觀而切要，開中國史體研究之先河。

其次在紀傳體中的體例，他主張要恪守體例本有的原則與標準。如本紀是帝王本人的歷史，則首代帝王的先人，就不可列入本紀，周自后稷到姬昌，及秦自伯翳到莊襄，只算諸侯，《史記》不該把他們一併列入本紀，應該另立〈周世家〉、〈秦世家〉。世家是寫先秦諸侯國的，《史記》就不該把無家世可傳的陳勝，及地位如同地方州郡的西漢諸王，列為世家。而項羽沒有獨立的年代，可以與前後朝「正朔相承」，他「事起秦餘，身終漢始」，所以不該列為本紀，應歸列傳（〈列傳〉），劉氏以為依階級來定紀、傳、世家，是司馬遷定的，他怎麼可以自己又違反所定的標準呢？文論家、文學史家常對司馬遷為肯定某人而突破體例升入世家或本紀，表示贊許，但史學家的劉知幾則期期以為不可。

此外，他還以為歷史的斷代要嚴格、起訖年限之外的資料要割愛，不可濫收。《三國志．魏志》不該收曹操、董卓、臧洪、陶謙等未進入三國時代就死去的人物。《漢書．地理志》不必引非漢代的〈禹貢〉（〈斷限〉），而〈古今人表〉所列從上古庖犧到嬴秦人物，皆沒有漢人，這個表根本要刪棄（〈表曆〉），也不該將劉向父子附在〈楚元王傳〉中，應分別成「傳」，因時代相隔太遠，劉交（劉邦弟）所封的王號，傳到孫劉戊已亡，與其後的劉向父子無關（〈編次〉）。

還有他主張要除去正史中的〈天官書〉（或〈天文志〉）、〈藝文志〉、〈五行志〉。因為古今天文無異，藝文書目歷代相複累積，而五行關係天道，與人事無關。當然劉氏此說有待商榷。相反的，也主張增加書志之目：有〈都邑志〉，為首都地理志，有〈氏族志〉，為世系譜牒之志。有〈方物志〉，為地方產物志。這就擴大了歷史的範圍，把社會、經濟、區域史成為紀傳體的一部分，後世史家特別是方志的編輯，都受到他的影響。

七、客觀主義與現實主義的歷史觀

劉知幾形式上也尊重傳統儒家文化，並沒有如劉勰的「原道」、「徵聖」、「宗經」的意識，使他得以跳脫傳統的主觀束縛，而能鳥瞰社會發展的時空全貌。

他對傳統儒家的親親尊賢的價值觀，是持反對的態度，他在〈曲筆〉篇稱《論語》「子為父隱」，《春秋》「掩惡揚善」，是「雖直道不足，而名教存焉」。似雖肯定名教，實是苦澀的揶揄。《史通》一書一言以蔽之，在直書。這些聖人的言論，正是直書之敵，怎麼可能認為名教是對的呢[17]？

在〈疑古〉及〈惑經〉兩篇可看出他繼承了王充，高舉抗拒經典古訓的大纛，使他走出了傳統的窠臼，而開創了前人所未有的進步史觀，《史通》史觀特色有二：一是客觀主義，二是現實主義。

劉氏自稱出於漢宣帝之後，但無以知他是否有胡人的血統，不過在胡漢通婚的李唐王朝（李氏母系多鮮卑族人）中，大概可以沖淡古來夷夏之防的觀念。他的歷史觀是盡量打破朝代、種族立場來裁定價值的，向來歷史的是非，都是強者、勝利者所判決的，他堅定的反對這種「成者為王、敗者為寇」的歪論。他以為同時並立的政權、國家，不因大小，都要認承其存在的事實，史家不得以狹隘的政治立場加以褒貶。他說：

> 「古者二者爭盟，晉、楚並稱侯伯；七雄力戰，齊、秦俱曰帝王。其間雖勝負有殊，大小不類，未聞勢窮者即為匹庶，力屈者乃成寇賊也。（〈稱謂〉）」

他批判魚豢、孫盛等寫三國的史家，完全漠視吳、蜀的存在，去掉吳、蜀的帝號，直稱孫權、劉備之名，而只承認曹魏一國的存在[18]。而西晉動亂，戎、羯諸族獨立稱國，即「各有國家，實同王者」，但晉朝史家，居然把他們「比諸群盜」，這乃是史家為私情而忘公理，以個人的愛恨來定得失的。到南朝的蕭方等，才肯定他們的存在，把少數民族所建立的二十九國與晉並列寫《三十國春秋》[19]，而得到劉氏的贊許。

他還認為史書上的許多稱號，全憑史官情感來決定，毫無標準可言。如西周襄、厲王被逐，周公、召公共和輔政，稱為「二相」，楚王麇被公子圍所弒，因葬於郟，而稱郟敖（敖是首長之意）；而同時起事的農民軍，稱平林、新市為「豪傑」，而稱黃巾、赤眉為「寇賊」。又如王隱《晉書》（今已佚）有〈十士傳〉、〈寒儁傳〉，沈約《宋書》有〈二凶傳〉（弒殺文帝劉義隆的太子劉劭，及弟始興王劉濬）、〈索虜傳〉（南朝罵北朝為索虜，是纏起辮子的胡虜）以及魏收《魏書》稱東晉、宋、齊、梁、陳為島夷，都是不應該的。（以上見〈稱謂〉篇）[20]

而在私家政權的結構下，史家辨忠貞與叛逆是不足為信的。東漢末，朝臣韋晃、耿紀攻討曹操，失敗被殺，曹魏末，刺史文欽、司空諸葛誕攻打專權的司馬昭，兵敗欽投吳，誕被殺。魏、晉史臣都寫他們是叛賊[21]。東魏末，荀濟、元瑾奉詔殺權臣高澄，失敗遇害。北周末尉遲迥、王謙謀殺楊堅以保幼主靜帝，也失敗被害。他們都是舊朝的忠臣義士，但後來的史家都站在齊、隋新朝的觀點來否定他們，像唐初李百藥的《齊書》、魏徵的《隋書》都當他們為叛逆，劉氏深為不滿，說「書事如此，褒貶何施？」（見〈因習〉）可見劉氏超越朝代立場的歷史視野，是何等的開闊。

其次，談現實主義史觀，劉氏認為歷史是隨社會而發展的，史家記歷史人物的語言必須反映不同時代的語言特色。

「夫上古之世，人惟樸略，言語難曉，訓釋方通。是以尋理則事簡而意深，考文則詞艱而義釋，若《尚書》載伊尹之訓，……周監二代，郁郁乎文。大夫、行人，尤重詞命，語微婉而多切，言流靡而不淫，若《春秋》載呂相絕秦，……戰國虎爭，馳說雲湧，人持弄瓦之辯，家挾飛鉗之術，劇談者以譎誑為宗，利口者以寓言為主，若《史記》載蘇秦合縱，張儀連橫……。」

上古社會簡略、語言樸拙，像《尚書》中的訓詁用語，就非常原始，在社會與語言皆不斷發展的後世，對於《尚書》若非透過訓釋，就難以通曉了。《春秋》時代國際交往日趨頻繁，外交語言最初尚顯示著微婉而切實，戰國時代則大不相同，在諸侯尖銳的鬥爭中，各種不同形式的辯說辭令，犀利詭譎，極盡其縱橫捭闔之能事。

然而到魏晉以後，史家摹擬成風，「記其當世口語，罕能從實而書，方復追效昔人，示其稽古。」使得「周秦言辭見於魏晉之代，楚漢應對行乎宋齊之口。」因此他肯定作者應該使用自己當時的語言。「天地長久，風俗無恆，後之視今，亦猶今之視昔。而作者皆怯書今語，勇效昔言，不其惑乎？」（皆見〈言語〉篇）

此外，劉知幾還主張人的出身籍貫，應以當時住地為準，一是歷代州郡時有廢置，地名不斷更迭，歷史人物若依舊地名，必不符當時歷史的事實。二是人的品性習慣是隨地而變的，生在荊楚，便以荊楚為故鄉，如以祖先舊籍為準，則孔子不是魯國昌平人，而是宋人、殷人。生在那裡，便是那裡人，是極進步的思想。

東漢以後，士族逐漸壟斷社會資源，到曹魏西晉已造成「上品無寒門，下品無士族」[22]的局面。永嘉之變，司馬家帶北方士族東渡，建立東晉政權，之後，並為陸續南逃的北方士族，在江東設立以北方州郡為名的州郡，稱為僑州郡，像為祖籍在瑯邪郡（今山東省）的士族，便在江乘縣（今屬江蘇省）境內設立瑯邪郡，東晉大士族王氏是瑯邪郡的臨沂縣人，便在僑置的瑯邪郡下，另置臨沂縣，列名僑州郡的僑人，可以享受免調役等特權，這樣使他們世世代代，要保有本籍，享受出自名門的榮名。劉知幾對此最為反對，他在〈邑里〉篇便是闡釋要從現實來裁決一個人的籍貫。他在史館編《唐史》，被分配寫高宗時宰相李義琰的傳，義琰祖先是隴西成紀的士族，但遷居魏州昌樂縣（今河北省）已經三代，所以知幾就寫

「義琰，魏州昌樂人也。」結果被監修宰相譏笑，令他改作「隴西成紀人也」，他極忿懣不已。（見〈邑里〉篇自注）23

劉知幾一反統治者所標榜的本籍主義，而揭櫫落地土斷主義，是打破世族血緣，土地莊園與政治權利的結合，他所說的「人無定質，因地而化」實在是具有世界性的史學命題，外來統治者、移民者皆必須融入本土社會，成為本土的一分子，是卓越的現實主義史觀。24

八、樸實的歷史文學觀

從魏晉開始，儒學逐漸衰微。文學史學慢慢脫離傳統儒學的羈絆。到南朝宋文帝設儒、玄、文、史四館，明帝分儒、道、文、史、陰陽五科。從此，不僅文史與儒有別，而文與史亦是相互獨立的，此劉知幾所謂「文之與史，較然異轍。」（〈覈才〉）不過六朝是唯美文學鼎盛的時代，史學雖然獨立了，卻受到駢儷文風的籠罩，尤其南北朝的史官多由文士擔任，使得歷史文字皆堆砌辭藻，以文害意。劉知幾說：「降逮史漢，以記事為宗，……文兼史體，伏若子書。……爰洎范曄，始革其流，遺棄史才，矜衒文彩，後來所作，他皆若斯。於是遷固之道忽諸，微婉之風替矣。」（〈序例〉篇）又說：「自茲（東漢）以降，流宕忘返，大抵皆華多於實，理少於文，鼓其雄辭，誇其儷事。」（〈論贊〉）又說：「自梁云季，雕蟲道長，手頭工尾，尤忌於時，對語儷辭，盛行於俗。始自江外，被於洛中。而史之載言，亦同於此。……必求實錄，多見其妄矣。」（〈雜說篇〉下）

到了唐代，未改前風。「大唐修《晉書》，作者皆當代詞人，遠棄史、班，近宗徐（陵）庾（信），夫以飾彼輕薄之句，而編為史籍之文，無異加粉黛於壯夫，汲綺紈於高士者矣。」（〈論贊〉篇）劉知幾最反對文學作家纂寫歷史，除了知識方法欠缺外，乃是作家虛誇不實，不能負起直筆的責任。

寫歷史的文筆，即所謂歷史文學，對此劉氏另有一套理論，並非完全反對史筆的修辭。在實錄史事（即「敘事」）的前提下，他強調要「翦截浮詞，撮其機要」（〈浮詞〉篇）就是「簡要」，包括一、尚簡：用最少的文字，來表達完整的史事。二、用晦：省約文字，意在言外。三是妄飾：是不把史文當文章虛加修飾，輕易雕琢，使得體兼賦頌，詞類徘優，弄成文非文，史非史。最後他認為歷史文章的境界是：「文而不麗，質而非野，使人味其滋旨，懷其德音。」（以上皆出於〈敘事〉篇）

此外，他也欣賞「體質素美」的童謠、民歌。雖是芻詞鄙句，但卻溫和柔潤。因此，他肯定當世口語的功能，而否定使用古代的詞彙。口語載之於史冊，是可以潤飾的，但必須保持原貌。（見〈言語〉篇）這些都具有現實主義文學觀的精神。

唐初鑑於隋、南朝皆因淫靡而喪國，朝臣對「文豔用寡，華而不實，體窮淫麗，義罕疏通。」[25]的六朝文風，頗多指責。而在劉知幾以前的唐初修史官如姚思廉、李百藥、令狐德棻、魏徵也都不同程度的鄙薄六朝文士的輕靡淫麗。然而理論歸理論，從初唐到開元天寶的盛唐，官方的誥命、文士的辭章，幾乎都是綺麗的駢體文。難怪劉知幾大為不滿，不過古文未興，連《史通》一書也不免用駢文，只是較為樸實自然而已。

由此看來，劉知幾是唐代早期反對唯美文學的播種者，尤其他沒有如古文運動所標榜明道、復古、宗經、徵聖的八股教條思想，而大大提升了他所鑄造的歷史文學觀在歷史上的意義。

九、疑古學風的開拓者

劉知幾從小讀史，就富有懷疑陳說、反對權威的精神。後來又吸收了漢魏以來的批判與疑古學風。在惡劣的政治及工作環境中，從而洞澈了歷史現象的解釋，是得勢統治者所欽定的。因此，在學術言論尺度還算寬闊的當時，他沒有太多的顧慮。有系統的批判、懷疑自古相傳的聖賢、經書。最近逯耀東著文引錢大昕稱劉知幾：「陽為狂易侮聖之詞，以掩詆毀先朝之迹」，以為《史通》對儒家經典的批評，是為著引開逃避他因批評當時腐儒而可能遭受的政治株連。劉知幾不是批孔而是批庸儒[26]。其實劉知幾在〈自敘〉篇明言《史通》是繼承

《淮南子》、《法言》、《論衡》……《文心雕龍》等七書而來的，王充《論衡》正是糾正儒者之書「博而寡要，得其糟粕，失其菁華……」（〈自敘〉）又說：「昔王充設論，有〈問孔〉之篇，雖《論語》群言，多見指謫，而《春秋》雜義，曾未發明，是用廣彼舊疑，增其新覺。」（〈惑經〉）可見他受到了王充批判思想的直接影響。中國古代奪取政權，若由內部專擅乃至纂位自立，便說是周公吐哺、堯舜禪讓；若是外部以武力取而代之，則便說是湯武革命，以仁伐暴。魏末，司馬家專權，標榜周公、堯舜。甘露元年（二五六年）思想敏銳的傀儡皇帝曹髦，才十六歲，到太學，問：「堯懷疑鯀，試用鯀九年，不能辨好事，堯怎能謂之聖哲？」又提出周公殺兄弟、仲尼責宰予之事，博士庾峻不敢答覆，只說：「此皆先賢所疑，非臣寡見所能究論。」[27]而反對司馬家的嵇康，也正是他揭發司馬家虛偽禮教，而以「非湯武而薄周孔」的理由被殺[28]。可知魏晉以來知識份子對被蒙蔽及曲解的古代歷史，已相當的覺醒。劉知幾的疑古、惑經，目的是在揭露被政治神話所粉飾的歷史真相。這與他直書的精神是一貫的。至於說他為周身之防，也就是怕死而再來批儒，是不合邏輯的，何況唐代史官因直筆，或朝臣因言論冒犯而被殺的實在太少。

所以他有反傳統的思想，全是為貫徹史家的職責與信念使然。

他在〈疑古〉篇認為六經多隱諱，記事簡約而又主觀，掩飾不少問題，使人如聾瞽，莫知其源。他舉疑事十條：

1.堯舜時有四凶，有不仁者，《尚書》怎能稱他們為「克明俊德」、「比屋可封」呢？
2.《汲冢書》疑舜乃奪堯而自立，則〈堯典〉稱讓國，徒虛語耳。
3.疑舜乃被放逐南方而死，〈舜典〉謂「陟方而死」，不可信。
4.疑益本謀廢禹立啟而後自立，因失敗見誅。
5.疑湯以力制夏桀，虛讓務光，以去己罪，再迫務光自殺而自立。《尚書》稱湯有「慚德」，乃有意隱諱。
6.五經原誣桀、紂之罪過，子貢、劉向早已疑之。
7.武庚為救國抗周而亡，非所謂「頑民」。
8.周本臣於商，而自僭王號，擅行征伐，《論語》稱周德之大，不亦虛說。
9.周太王長子太伯迫於威勢，不得已讓出繼承權而逃亡，遂轉禍為福，非《論語》所說「可謂至德」。
10.周公耀威震主，使兄弟猜疑，而又遽加誅戮，薄於手足之義，《尚書》引為美談，可疑。

劉知幾在〈疑古〉篇攻擊《尚書》，在〈惑經〉篇則抨彈《春秋》。中國傳世最早的史書為《春秋》，《春秋》為孔子所修訂的經典，對《春秋》的懷疑和抨擊，勢必動到孔子。劉知幾一生追求歷史的真理，始終都避不開這巨大的堡壘，只有採取先捧而後抑的策略，〈惑經〉一開始就說：「孔宣父以大聖之德，應運而生，生人已來，未之有也。」接下來，劉氏則以為孔子與弟子酬對，頗有得失，如孔子見南子，子路不悅，而發誓「天厭之」。子游為武城宰，孔子聞弦歌之聲，而戲笑說：「割雞焉用牛刀。」但夫子真誠寬弘，非文過飾非者可比。

劉氏以《春秋》為夫子所修之史，其文義不明處舉出十二項（即「未諭者有十二」），皆書法體例有矛盾者。而其他「所未諭，其類尤多。」可是後人以為孔子將聖多能，便稱《春秋》善無不備，隨聲瞎捧，劉氏指出《春秋》虛美者有五：

1. 《春秋》時事，多為古史原文，夫子所修，因舊文加以雕飾而已。《史記》稱：夫子「為《春秋》，筆則筆，削則削，游夏之徒，不能贊一辭。」虛美一。
2. 《春秋》記宋襄公執滕子，以被執而有罪。楚公子圍（靈王）弒郟敖，稱楚子麇卒。則《春秋》以無辜加罪，有罪隱辜。左丘明稱「善人勸，淫人懼。」虛美二。
3. 《春秋》以褒貶為主，而魯弒逐其君有七（隱、閔、般、惡、視五君被弒，昭、哀被逐）而皆未記錄。孟子云：「孔子成《春秋》，亂臣賊子懼。」虛美三。
4. 《史記》稱「孔子著《春秋》，隱、桓之間則彰，定、哀之際則微，為其切當世之文，而罔褒諱之辭。」則乃是孔子處定、哀時危行言遜，求全避禍。孟子云：「孔子曰：『知我者其惟《春秋》，罪我過者，其惟《春秋》。』」虛美四。

5.趙穿殺晉靈公，晉太史卻稱「趙盾弒其君」，此微婉隱晦的說法，乃春秋常事；《漢書》云：「仲尼歿而微言絕」，微言之作，非獨孔子一人。虛美五。

以上劉知幾所論各端，雖也有不周延、乃至相互鑿枘，而為後世學者所指出，但皆為追求實錄的史學而疑古惑經的，他超過了王充的觸角範圍，比較有系統的把最重要的二本古史——《尚書》、《春秋》抽出問題加以駁辨，成為漢魏六朝以來疑古史論的大師，清代辨偽學風熾盛，崔述著《考信錄》，自稱是「推廣《史通》之意」，只是劉知幾並不像崔東壁的宗經衛道。民國初辨偽疑古，如江海浪潮，溯其源委，劉知幾堪稱為現代疑古學派的先驅。

十、歷史歸歷史——人文精神的建立

劉知幾又繼承王充「疾虛妄」的批判精神[29]，反對歷史中所比附的陰陽五行、祥瑞符命之說。

從戰國鄒衍倡五德終始的歷史循環論後，經董仲舒的天人感應說、兩漢的讖緯神學、乃至佛教的因果報應說，使漢魏六朝的史學，充滿陰陽怪氣的神祕思想，劉知幾可說完全擺脫了歷史的迷信包袱，呈露了人文的精神。

他認為日月蝕、彗星出、河變、山崩所產生的現象、是有循環規律性的，乃「關諸天道、不復繫乎人事。」（見〈書志〉）也就是說歷史上出現的自然現象，無關人的社會，沒有什麼天人感應的，像周武王姬發伐紂，遇大雨，占卜而龜燒焦[30]；宋武帝劉裕征討盧循時，手上旗竿折斷，沈入水中[31]；前涼謝艾出兵攻擊麻秋，夜有二貓頭鷹鳴叫[32]；漢賈誼在長沙，也有貓頭鷹飛入他的住處[33]。這全都是傳說中不吉利的徵兆，結果姬發、劉裕、謝艾卻全打了勝仗，而賈誼不久也升遷被調回京師。由此知「愚智不能知，晦明莫之測也。」而且不少史家亂把史事與自然特殊的現象相湊在一起，隨便聯想猜測，他們「皆不憑章句，直取胸懷，或以前為後，以虛為實，移的就箭，曲取相諧，掩耳盜鐘，自云無覺。」

這般主觀的自由心證來推測史事，造成矛盾笑話百出。他說：「每有敘一災，推一怪，董（仲舒）、京（房）之說，前後相交；向、歆（劉向、劉歆）之解，父子不同。」他自注舉例說：魯桓公三年，日蝕。董仲舒、劉向以為魯、宋殺君。劉向的兒子劉歆則以為晉曲沃莊伯殺晉侯。京房以為楚嚴（莊）稱王。又莊公七年，夜中星隕如雨。劉向以為夜中，是中國。劉歆以為晝象中國，夜象夷狄。劉向又以為蜮生南越。劉歆以為盛暑蜮所生，非自越來，等等。（以上見〈書志〉）難怪劉知幾評天人感應說的董仲舒說：「下帷三年，誠則勤矣，差之千里，何其闊哉！」（〈五行志雜駁〉）

劉知幾又認為一些關係軍國大事的一些陰陽災異，是可以記錄的，所謂「事關軍國，理涉興亡，有而書之，以彰靈驗，可也。」像《尚書》《春秋》偶然記一兩件「鳳皇來儀，嘉爾入獻，秦得若雉，魯獲如麕。」等。但到魏晉以來，虛誇祥瑞，政治愈險惡，祥瑞愈多出，乃是統治者寡德暴虐，臣子為討好歡心，就妄亂編造一些瑞祥之事，來粉飾太平的虛象。如東漢桓靈時的祥端，居然比兩漢文景時為多；曹魏、司馬家編造符瑞已不少，但十六國的凶暴的劉曜、石勒比曹魏、司馬晉更倍增，這不是荒唐至極嗎？可是「史官徵其謬說，錄彼邪言，真偽莫分，是非無別。」以致破壞了歷史本來的真面目。

由此知劉知幾能揚棄歷史的神祕主義，而建立了可貴的人文精神。

結語

《史通》對歷史的分析是敏銳的，對傳統的批判是冷峻的。歷來的學者即使不滿意他的「工訶古人」，但也不得不服於他的創見。清錢大昕曲解他「陽為狂易侮聖之詞，以掩詆毀先朝之迹。」「後人大聲疾呼，目為名教罪人。然劉氏用功既深，遂言立而不朽，歐、宋新唐往往采見緒論，如受禪之詔策不書，代言之制誥不錄，五行災變，不言占驗，諸臣籍貫，不取舊望，有韻之贊全刪，儷語之論都改，宰相世系與志氏族何殊；地理述土貢，與志土物不異。……誰謂著書無益哉！」[34]錢大昕終於客觀的陳述《史通》對後世史學體例筆法的廣泛影響；當然還不只這些。此外劉氏反駢麗、主樸質，實為古文運動的理論奠基。浦起龍即直言「劉子……韓柳輩前驅也。」[35] 不過這都不是主要的。《史通》的最大貢獻在於鼓吹歷史家要以道德勇氣去直筆實錄。中國明清以後乃至民國及現今中國政府，政治控制日益嚴密，能直筆直錄的空間更加狹小。史學著述的環境，遠不如唐宋。大批的史料被毀禁，文件被偽造。一些歌德派的史家昧著歷史的良心為身染鮮血的屠夫彩繪金身。若知幾復活，恐怕將痛不欲生。

《史通》重要參考書目

- 《史通通釋》清・浦起龍

點校本：後附陳漢章《史通補釋》、楊明照《史通釋補》、羅常培〈史通增釋序〉。一九七八年上海古籍出版社。臺北里仁書局翻印。

釋評本：臺北華世書局取點校本、再附呂勉思《史通評》於每篇之後，並改名為《史通釋評》。一九八一年。

《史通》四部叢刊本，商務，孫毓修札記，明萬曆三十年張鼎思刊本。

- 《劉知幾年譜》傅振倫

一九三四年上海商務初版。一九五六年臺北文星以《史通作者劉知幾研究》出版。一九六三年中華、一九六六年商務人人文庫三〇四號。

- 《史通平議》張舜徽
原書寫於一九四八年，一九八〇年與《通志》、《文史通義》二文合為《史學三書平議》，中華。一九八五年臺北帛書出版社翻印。
- 《史通與史通削繁通檢》法國法蘭西學院，二冊。
以四部備要《史通通釋》為底本，一九七七年，為《漢學通檢提要文獻叢刊》之七。
- 《史通箋記》程千帆，一九六一年作、一九八〇年中華初版。
- 《劉知幾的實錄史學》許冠三，一九八三年香港中文大學出版社。次年臺北以原書翻印。
- 《史通箋注》張振珮，一九八五年，貴州人民出版社，平裝二冊。
- 〈史通著錄版本源流考〉莊萬壽，台灣師大《中國學術年刊》第九期，一九八七年三月。
- 〈史通分篇提要〉莊萬壽，台灣師大文學院《教學與研究》十五期，一九九三年六月。

註　釋

1 《隋書》卷二十八及三十，〈經籍志〉二、四。

2 太宗以下諸君都鼓勵臣下上諫。武后證聖初，下詔只要九品官以上，皆得上陳得失。所以劉知幾以獲嘉縣主簿上書批評用官的浮濫。見《新唐書》卷一三二〈劉子玄傳〉。又褚遂良拒絕唐太宗看起居注，參見本篇六。

3 見《史通．自敘》。

4 自撰《劉氏家史》十五卷、《劉氏譜考》三卷。

5 見《史通．自敘》三。

6 見《史通．忤時》及本篇三之二。

7 見《唐會要》卷三十五。

8 以上劉知幾傳的資料，見《新舊唐書．劉子玄傳》、《史通》〈序錄〉、〈自敘〉、〈忤時〉等篇。《唐會要》三十五、三十六、六十四、七十七。及傅振倫《劉知幾年譜》。

9 見《新唐書．劉子玄傳》。

10 見《三國志．吳志．韋曜傳》。

11 見《魏書．崔浩傳》卷三十五。

12 《史通．直書》稱兩人「二子書其所諱，曾無憚色。剛亦不吐，其斯人歟？」按《詩．大雅．烝民》：「人亦有言，柔則茹之，剛則吐之。」又「維仲山甫之德，柔亦不茹，剛亦不吐，不侮於寡，不畏彊禦。」
13《論語・子路》篇。
14《公羊傳・隱公十年》。
15《新唐書・褚遂良傳》卷一〇五。
16《文史通義・史德》。
17歷史因涉君親之諱，以致有偽錄、曲筆，此思想受儒家孔子之影響，見本書第四章〈劉知幾貫錄史學與孔子思想〉。
18魚豢《魏略》、孫盛《魏氏春秋》二書已佚。
19蕭方等，梁人，著《三十國春秋》三十卷《隋書・經籍志》著錄，以晉為帝，劉淵以下二十九國則稱王。書已佚，有輯本。
20參見拙作〈劉知幾的多元民族觀〉，《唐代學會會刊》三期，一九九二年十月。
21范曄《後漢書・獻帝紀》，陳壽《三國志》〈魏武帝紀〉〈毌丘儉傳〉等。
22《晉書・劉毅傳》。
23按後世史家都接受劉知幾的意見，《舊唐書》卷八一及《新唐書》卷一〇五的〈李義琰傳〉皆稱「魏州昌樂人。」
24戰後台灣市鎮街道多改為中國地名，考試院用人考試，亦依中國各省分配名額錄取。
25魏徵《梁書・帝紀總論》評太宗（蕭綱）語，卷六。

26 逯耀東〈史通疑古惑經篇形成的背景〉，《當代》十期，一九八七年二月，臺北。

27 《三國志．少帝紀》卷四。

28 《世說新語．德行》劉注引〈嵇康別傳〉：「山巨源為吏部郎，遷散騎常侍，舉康自代。康辭之，並與山絕。……乃答濤書，自說不堪流俗而非薄湯、武，大將軍聞而惡之。」大將軍為司馬昭，在他殺曹髦之後，自稱：「欲遵伊、周之權，以安社稷之難。」又參見拙作《嵇康年譜．甘露元年．三十三歲》。

29 王充《論衡．佚文》篇：「詩三百，一言以蔽之曰思無邪。《論衡》篇以十數，亦一言也，曰疾虛妄。」疾虛妄，即敵視虛假不實。

30 武王伐紂遇雨，事見《史記．齊世家》、《說苑．權謀》。

31 事見《宋書．武帝紀上》。

32 事見《晉書．張軌傳》。

33 事見《漢書．賈誼傳》。

34 錢大昕《十駕齋養新錄》卷十三「史通」條及本篇十一。

35 《史通通釋．點煩》篇之按語。

（本文，見台灣師大《文風》四十七期。一九八七年六月）

第二章 史通分篇提要

劉知幾《史通・自敘》敘述唐武后長安二年（七〇二年）起三任史官及景龍四年（七一〇年）編寫《史通》之經過，並解釋取名為《史通》的緣由。全書分內、外篇，內篇三十六篇，另三篇亡佚，外篇十三篇，今存共四十九篇。

內篇是比較有系統的對史書編纂體例與方法的論述，外篇是史學史、經史批判、讀史札記、〈疑古〉〈惑經〉最為精彩。各篇篇名與內涵雖為不同，但資料與論點每每混淆。

一、內篇

內篇為史書的體例與史書的編纂方法。

（一）六家

諸史分為六家：

編年史

①尚書家——帝王君主的言論、命令。

②春秋家——記以帝王君主為中心史事的編年史。

③左傳家——記史事的編年史。

紀傳史

④國語家——諸侯國別史。

⑤史記家——自上古到當代的通史。

⑥漢書家——一個王朝的斷代史。

以上尚、春、國、史四家之體已廢，惟《左氏》、《漢書》之體存後。

（二）二體

①編年體——《春秋》（《左傳》）、荀悅《漢紀》、張璠《後漢紀》

②紀傳體——《史記》、《漢書》、華嶠《漢後書》（改《漢紀》為紀傳）

（三）載言

載言指附錄的言論文章。

紀傳（例傳）以敘事為主，不宜插入文章，如《史》、《漢》中〈賈誼傳〉（按《漢書》〈賈傳〉有〈離騷賦〉、〈服鳥鳥賦〉、〈政事疏〉……等佔全傳四分之三以上，《史記》則錄〈弔屈原賦〉、〈服鳥鳥賦〉約佔二分之一以上）〈鼂錯傳〉（《漢書》引有疏文佔二分之一以上，《史記》未引）〈司馬相如傳〉（《漢書》引〈子虛賦〉、〈上林賦〉、〈告巴蜀民檄〉、〈通西南夷文〉、〈哀二世賦〉、〈大人賦〉、〈封禪書〉。《史記》引大抵相同，《史》、《漢》載言約十分之九）。

文章應抽出，別立一「書」之中，如帝王制冊、誥令，別置「制冊書」；群臣章表，別置「章表書」等。

（四）本紀

為帝王本人的編年史。

首代帝王的先人不得列入本紀。周自后稷至姬昌、秦自伯翳至莊襄，只算諸侯，《史記》不該列入本紀，應別作周、秦世家。

（五）世家

諸侯國別史。

《史記》創世家之體，而不該把陳勝及漢代封王者，列入世家。《漢書》之後無世家之體。

（六）列傳

人臣的傳記。

項羽應為列傳，《史記》不該入本紀。

（七）表曆

史書的世系表繫以年月，因稱表曆，表可用於譜牒。

史書因帝王、諸侯、公卿的紀、傳，都有家族、職官的年月資料，因此不必再有表，只有「列國年表」還有一些作用。《漢書》古今人表把庖犧至嬴秦人物分列九品，沒有漢人，卻編入《漢書》。

（八）書志

文化史的體裁。史記稱書，漢書稱志。（又稱典、錄、說）

書志的編目

〈平準〉（《史記》）→〈食貨〉（《漢書》）經濟史

〈河渠〉（《史記》）→〈溝洫〉（《漢書》）水利史

〈郊祀〉（《漢書》）→〈宗廟〉〔後漢後用之〕宗教史

〈禮〉、〈樂〉（《史》、《漢》）→〈威儀〉（《隋志》名〈禮儀〉）禮樂史

〈天文〉（《漢書》）→〈懸象〉〔《魏書》作〈天象〉〕天文史

〈地理〉（《漢書》）→〈郡國〉（《後漢書》）地方志

〈五行〉（《漢書》）

〈藝文〉（《漢書》）

〈百官〉（《漢書》）

〈瑞異〉（王隱《晉書》）→〈符瑞〉（《宋書》）

應除去之目

〈天官書〉（《天文志》），因古今天文一致，不必歷代皆記。

〈藝文志〉，書目各斷代史不斷累積，以致「前志已錄，而後志仍舊」。

〈五行志〉，五行關係天道，不繫人事。《春秋》記事多詭妄，而班固卻取入《漢書．五行志》。

既有〈天文志〉，何不有「人形（體）志」，有〈藝文志〉，何不有「方言志」。

應增加之目

都邑志——首都地理志

方物志——地方產物志

氏族志——民族志

（九）論贊

史家對某歷史人物、事件的評論，置於篇後。

《左傳》「君子」、《史記》「太史公」、班固《漢書》「贊」、荀悅《漢紀》「論」。又有作「序」、「詮」、「評」、「議」、「述」、「譔」、「奏」或作者自用其名。

史論在於「辯疑惑，釋凝滯」，後世皆「華多於實，理少於文，鼓其雄辭，誇其儷事」沒有疑事，不必有論。

按《後漢書》，論、贊並用，論以散文，贊則用四言韻語。

（十）序例

序是置於篇前、總括篇旨，以說明作此篇之用意的文章。

《後漢書》開始在某些同性質的合傳寫序，如〈皇后〉、〈列女〉、〈文苑〉、〈儒林〉等傳。

按《史記・太史公自序》，《漢書・敘傳》都分述作各篇的緣由，即是序，《史記》在部分〈傳〉、〈世家〉篇前也有序，如〈外戚世家〉、〈儒林〉、〈酷史〉、〈佞幸〉、〈滑稽〉……，又〈表〉前也有序。

例是史書的體例。

《左傳》有例，其後干寶《晉紀》開始立「凡例」，成為專篇。

（十一）題目

指書之名。

漢後稱書、記、紀、略，也有用春秋、志、典，名稱不一，乃好奇厭俗使然。史書之名，編年最好用「紀」，紀傳最好用「書」

篇名要名符其實，《史記》把漢皇后入〈外戚世家〉，《漢書・古今人表》沒有漢人，皆名不符實。

魏收《魏書》不該把鄰國統治者之名，加稱僭偽，如「僭晉司馬叡」、「島夷劉裕」。

（十二）斷限

斷限是通史、斷代史的起訖年限，若資料超越時限，要割愛不可收入。

《三國志・魏志》不該收曹操、董卓、臧洪、陶謙等東漢末人之紀傳。《漢書・地理志》不必引〈禹貢〉。斷代的異民族國家狄、蠻傳不必遠溯其祖先。

（十三）編次

史書的編輯結構與體系。

基本體制

《尚書》——記言。

《春秋》——記事（編年），以時間先後為次。

《史記》——記人（紀傳），以內容分類

篇目歸屬、排列問題。

《史記・龜策傳》對象不是人，是異物，宜改為書，與八書並列。《漢書》不該將劉向父子附於〈楚元王傳〉中，應分別成傳，因時代太遠，漢封楚至孫劉戊已亡，與劉向父子無關。《三國志・蜀志》先列益州劉焉、劉璋二牧，再列先主劉備傳，豈不是以蜀為偽朝？

（十四）稱謂

對歷史人物的正統或非正統名位的適當稱呼。

《史記》不該把項羽稱王而列入本紀。《漢書》、《後漢書》不該把中興漢室的更始帝劉玄列為傳。

分裂時的各國，名位要相同，立場要客觀，不可「勢窮者為匹庶，力屈者成寇賊」。戰國七雄，並稱帝王，與周王並列。三國志不可只以魏為正統，而直呼孫權、劉備姓名。

（十五）採撰

對史料的採集、判斷。

《後漢書》……後諸史所採史料浮濫不可相信，原因在史家虛益新事，故造奇說，或黨附權勢，誹謗異己或取詼諧小辯，神鬼怪物，或訛言傳聞，以有為無，尤其是「道聽塗說」、「街談巷議」之不可盡信。

（十六）載文

歷史引用原始詞章、詩文的原則——不虛美、示隱惡。

魏晉以後史書引詞章的五種過失：

①虛設——「禪書」「讓表」是奪權的結果，卻虛言禪讓。

②厚顏——「誥誓」「移檄」，盡是飾辭矯說。

③假手——詔誥由臣下代寫，全是自吹功德，妄比堯舜。

④自戾——帝王對臣下褒貶之辭，決定於個人喜怒的衝動。

⑤一概——詩文只報喜不報憂，對統治者全捧為聖明英偉。

以上五種過失的資料，取入起居注、國史、文集，全不可靠。

（十七）補注

史書的補注。即補釋及注解。

古經書的注解稱「傳」，以訓詁為主，中古以後稱「注」。

自注——

①史傳小書、人物雜記之自注：摯虞（趙岐）之《三輔決錄》、陳壽《季漢輔臣》等。

②史臣著雜錄之自注：蕭大圜《淮海亂離志》、羊衒之《洛陽伽藍記》等。

注他書——摭眾史之異辭，補前書之所闕：裴松之《三國志注》、陸澄《漢書注》、劉昭《後漢書注》、劉彤《晉紀注》、劉孝標《世說新語注》。

（十八）因習

斷代史有特殊的社會狀況，不可一味沿襲前代歷史的詞彙、體例、史觀。如建安末耿紀、韋晃反曹操被殺，魏末文欽、諸葛誕反司馬昭失敗，魏晉史臣說他們是叛賊，但於舊朝則為忠臣義士。

東魏末荀濟、元瑾奉詔殺權臣高澄（高歡子，北齊文宣帝高洋之兄，後追謚為文襄帝）失敗則被害，北周末尉遲迥、王謙謀殺楊堅以保幼主靜帝失敗遇害，也都是舊朝的忠臣義士。但後來的史家都站在齊、隋新朝的觀點，如李百藥的《齊書》、顏師古的《隋書》（魏徵主編）也把他們當作叛逆，是不應該的。

（十九）邑里

歷史人物的出身鄉土。

重視生前所活動的鄉土地，並宜詳加記錄。

反對僑置，虛繫地名。記某人應取現在地名。肯定現在住地，認同所居鄉土。「人無定質，因地而化」，不可「本（舊）國為是，此鄉為非」，否則孔子是宋人，不是魯人。

反對郡望、姓望，不可攀附權貴豪門的原有籍貫，來哄抬自己的地位。

（二十）言語

史書中所引口語對白的分析。

一代有一代的言語，史家應該取真切自然的當代民間口語，不可仿效古人的語言，以反映歷史真相。「天地長久，風俗無恆，後之視今，亦猶今之視昔，而作者皆怯今語，勇效昔言，不甚惑乎」。

（二十一）浮詞

史書用詞不可浮濫不實。

趙鞅子無恤謀殺代王，害得親姊自殺，《史記》不得稱賢。韓信滿盈速禍，無周身之防，無知足之心，《漢書》不得稱賢。酷吏嚴延年是個屠夫，《漢書》不得比之於子貢、冉有。

史評文字結論要一致。《齊史》論魏收，有直、邪、曲三說。《周書》評太祖，有寬仁、好殺的歧異。

史筆要剪截浮詞，求其簡要。

（二十二）敘事

史書記錄史事的重要與方法

史之稱美者，以敘事為先。

敘事有三種方法：

①尚簡

先秦文約而事豐，至三國，史文日傷煩富。晉以後則「一行之間必謬增數字，尺紙之內，恆虛費數行」。

敘事之體——有四體，如下：直紀其才行者。如《尚書·堯典》稱帝堯之德為「允恭克讓」。

唯書其事者。如《左傳》書申生為驪姬所譖，自縊而亡。

因言語而可知者。如《尚書·泰誓》稱武王罪紂為「焚炙忠良刳剔孕婦」。

假讚論而自見者。如《史記・衛青傳》太史公曰：嘗責大將軍不薦賢待士。

敘事之省——省句、省字。反對煩句、煩字。

②用晦

晦「省字約文，事溢於句外」

③妄飾

妄飾是批評當今史書隨便的比附於不同時代的典故、用語。

漢初皇帝封王，與周時的諸侯不同，而《史記》開始假託古詞，稱之為「王臣」。《北齊書》不知胡俗不施冠冕，改「脫帽」為「免冠」，則「何以考時俗之不同，察古今之有異。」強調要尊重不同時代、地域民族的制度、禮俗的稱呼。

古《尚書》《左傳》以至於《史記》《漢書》文字簡約，沒有浮詞，但六朝史書字句雜沓，不知剪裁。

（二十三）品藻

鑑別歷史人物品類、高下。能分別「君子、小人」「上智、中庸」以「懲惡勸善，激濁揚清」。

歷史人物的正反角色是跨越時代的，史官的責任要能「定其同科，申其異品」。

《史記》不該韓非老子同傳。

《漢書．古今人表》若干人分等不當。

《漢書》江充、息夫躬奸凶，過於石顯（〈佞幸傳〉）而不列入〈佞幸傳〉。

《漢書》楊王孫裸葬悖禮，不該與朱雲同傳。

《三國志》不該將袁紹與董卓同傳。

劉向《列女傳》不該取悍婦秋胡妻與貞烈為伍。

嵇康《高士傳》不該取董仲舒、楊子雲，而捨顏回、蘧瑗。

（二十四）直書

真實而直接的書寫歷史。

歷史的任務是讓賊臣逆子、淫君亂主的醜惡事迹，顯露社會，流傳千古。

為直書而被迫害、殺戮的史官有：

齊太史書「崔杼弒其君」

司馬遷《史記》為「謗書」

韋昭《吳史》

崔浩《北魏國史》

某一王朝統治下，史官不敢直書該朝不體面之事：

諸葛亮死，蜀軍敗司馬懿事，及魏高貴鄉公曹髦被司馬家的成濟所弒之事。晉人陳壽《三國志》、王隱《晉書》、陸機《晉記》、虞預《晉書》都不敢寫。一直到東晉末桓玄稱帝時，習鑿齒著《漢晉春秋》以蜀為正統，才把以上二事取入書中。（《漢晉春秋》已亡佚，尚可見於裴松之《三國志注》中所引）

史家為史實直書寧可犧牲性命，寧蘭摧玉折不瓦礫長存，如南、董、韋、崔不避強權，仗氣直書，雖遭殺害，遺芳猶在。

（二十五）曲筆

曲折隱瞞歷史的真相。與直書相對。

傳統名教的曲筆：為儒家的「子為父隱，直在其中」。史家為自己的君主、長輩隱諱醜陋的真相。

史官個人的曲筆：「藉為私惠，持報己仇」，「王沈《魏錄》濫述貶甄之詔；陸機《晉史》虛張拒葛之鋒。班固受金而始書，陳壽借米而方傳」。

《後漢書・更始傳》曲稱劉玄懦弱，用以討好劉秀，而為劉縯申雪。《三國志・蜀後主傳》稱蜀無史職，災祥靡聞，乃陳壽因父辱受髡，而加謗議。（觀〈史官建置〉三五八頁），按陳壽並無謗議，魏吳亦不記災祥。唯《三國志》確有曲筆。見趙翼《廿二史劄記》，「《三國志》多迴護，陳壽論諸葛亮」條。

魏收《魏書》對「姬漢之國，曲加排抑」（《廿二史劄記》，「魏書多曲書」）漢末董承、耿紀，魏末諸葛誕、毌丘儉，……殉國，而諸史曰逆。此皆為曲筆。

唐貞觀時史官撰南北朝諸史，徇私把自己的祖先入傳。

歷史在於記錄功過，反映善惡「但古來唯聞以直筆見誅，不聞以曲詞獲罪」「欲求實錄，不亦難乎？」這雖是中國二千年專制、威權時代的歷史宿命，但少數知識分子卻仍敢挺身而出，鳴放而亡。

（二十六）鑒識

對史書的價值評鑒與識別。

鑒識的困難：

物有恆準，而鑒無定識，欲求詮覈得中，千載一遇。

以資料可靠，源流真實為準則：

《左傳》漢魏不列於官，而盛行《公羊》《穀梁》，二傳多鄙野，而何休妄述「《公羊》墨守、《左氏》膏肓。」只有鄭玄及鍾繇才認識《左傳》之重要。

對《史》《漢》的鑒識：

《史記》《漢書》之比較。王充《論衡》以《漢書》為甲（詳贍），《史記》為乙。張輔《名士優劣論》以《漢》劣《史》優，張晏以褚先生補《史記》〈龜策〉、〈日者傳〉言詞鄙陋，但《史記．五帝紀》，七十〈列傳〉中言詞之鄙，又甚於茲。劉軌思以班固有才華，但少帝應入帝紀，不該入〈呂后紀〉。

史書文筆以直樸為準則：

劉祥〈宋書序〉以為諸家晉史「少氣」「罕華」。史書敘事當「辯而不華，質而不俚，其文直，其事核」而已。不必如孔融、徐幹、揚雄、相如之等「雕章縟彩」的文風。

史書之能否流傳後世，在於「廢興，時也；窮達，命也。」

（二十七）探賾

對前人錯誤的史論，加以探討辯正，賾是指隱晦不明。

杜預以為《春秋》乃孔子感麟而作，實則子思有言，吾祖反於陳蔡始作《春秋》。

孫盛稱：《左傳》略於吳楚，荀悅《漢紀》簡於匈奴，此乃賤夷狄而貴諸夏。實吳楚遠居南方，本少資料，荀書則夷夏皆均。

葛洪以《史記》為伯夷居列傳之首，乃是伯夷為善而無報。實該傳乃依時間先後而編次，無關善而無報。如伍子胥、大夫種、孟軻、墨翟、賈誼，屈原亦類似，「為善無報」。若如此為何不同為一傳？

隋、李德林稱陳壽蜀人，撰《三國志》、黨蜀抑魏。實壽以晉承魏，不得不以魏為正統，而寫曹操也頗避其罪，寫劉備也抑其所長。安有背曹而向劉？

檀道鸞（《續晉陽秋》）稱習鑿齒撰《漢晉春秋》以曹魏為偽朝，在於防備桓溫奪東晉政權的野心。（《晉書．習鑿齒傳》：「明天心不可以勢強也」）實此在於定邪正、明順逆。

魏收以崔鴻《十六國春秋》不錄司馬、劉、蕭氏政權之書。實十六國史雖繫東晉之年月，所寫則為北方諸國。

（二十八）模擬

對前史體例寫法的仿作。

貌同而心異——名同實異：

春秋卿與大夫有別。譙周《古史考》「秦殺其大夫李斯」此大夫為相，與《春秋》之大夫有別。

《春秋》稱魯國為「我」，因有各國並立。干寶《晉紀》記天子之葬曰「葬我某皇帝」並沒有與他國相對稱，何我之有？

貌異而心同——名異實同：

《左傳》記魯桓公在齊遇害，云「彭生乘公，公薨於車」。干寶《晉紀》模擬《左傳》，記愍帝歿於平陽，云「晉人見者多哭，賊懼，帝崩。」

這是「君父見害，臣子所恥，義當略說，不忍斥言。」

《左傳》成七年，鄭獲楚鍾儀以獻晉。九年晉歸鍾儀於楚。裴子野《宋略》模擬《左傳》，記索虜臨江，劉劭始與江湛有隙，後三年，江被劉所殺。

這是「先舉其始，後詳其末。」，寫法相同。

（二十九）書事

史書記錄史事（指取材）的範圍。

荀悅立典五志：

①達道義，②彰法式，③通古今，④著功動，⑤表賢能。

干寶釋五志：

①體國經野之言，②用兵征伐之權，③忠臣烈士孝子貞婦之節，④文誥專對之辭，⑤才力技勢殊異。

劉知幾三科：

①敘沿革——禮儀用舍，節文升降。

②明罪惡——君臣邪僻，國家喪亂。

③旌怪異——幽明感應，禍福萌兆。

書事的過失：

古史書法，但笑前人未工，忘己事已拙。

非關軍國興亡之民間鬼神細事不可收錄。

書事有四煩（不必記錄）：

①古書祥瑞不過一二，近古彌多，雖政治惡劣而祥瑞逾盛，皆政治神話，不可相信。

②本國地方官例行返京，不必費辭記錄。

③近世之史，備載百官小吏，而又多兼職虛位。

④贅錄不重要家族成員的品位。

（三十）人物

史書收錄人物的原則。

兼收善惡，惡可以誡世，善可以示後。然史書遺漏許多該收錄的善惡人物。

《尚書》：不載亡殷的飛廉，惡來，興周之散宜，閎夭。
《春秋》：不書秦之由余、百里奚，越之范蠡，大夫種，魯之曹沫、公儀休，齊之甯戚、田穰苴。
《史記》：不取皋陶、伊尹、傅說、仲山甫為列傳之始。
《漢書》：遺薄昭、楊僕、顏駟、史岑。
《三國志》、《晉史》（王隱）：應記桓範、張仲景（？）、何楨、許詢。
《後漢書》：〈列女傳〉不書秦嘉妻徐氏而書蔡琰。
裴子野《宋略》：義烈如張禕，文宗如鮑照皆未收。
最後劉知幾感歎：近史小惡薄才，聚而為錄，不其穢乎。

（三十一）覈才

考核史才。
蔡邕、劉峻、徐陵、劉炫雖達史體而難有成就。
文與史異轍：
張衡——長於文，不閑於史。
陳壽——長於史，不習於文。

史才不必文士：

唐初重文藻，詞宗麗淫，文士操史，無銓綜之識，微婉之言。

（三十二）序傳

論史家的自序。

自敘起於屈原《離騷》，次為司馬相如「自敘為傳。」

司馬遷《史記．自序》記其先人出於重黎氏。

班固《漢書．敘傳》遠徵祖先起於楚文王世，「逾本書遠矣」，超過本書斷代的範圍。

自敘的原則：可以隱己之短，稱其所長，但沒有造假，即為實錄。

司馬相如記竊妻卓氏，理無可取。王充述父祖不肖，厚辱其先。

自敘之父，古不自伐，揚雄以下誇尚為宗，至魏文、傅玄……又逾於此。近古寒門，一朝暴貴，無不追述本系，妄承先哲。

按古書作者的自序，多有自傳的意義，劉知幾放寬實錄的標準，反而責怪具有直筆精神的王充《論衡．自敘》。

（三十三）煩省

論史書內容的繁多與簡約。

史料遠古簡，略晚近詳贍。

論史者以《左傳》最為省約，以三十卷記二四〇年事，其次為《史記》以五〇萬字記三〇〇〇年事，最下為漢書以八〇萬言，記二四〇年事。魏晉以後史書之煩，逾於《漢書》。

這乃是春秋各國交通阻隔，載事不詳，西漢天下統一，來往頻仍，遠近無隔，故史料倍於春秋。東漢地方多高門士族，各成私傳，因此，《後漢書》又多於《漢書》。

魏晉南北朝，各國地域小，年代短而又接近隋唐，資料容易採集，所以史料又不少於兩漢。

史料內容但求當否，不論多寡。

（三十四）雜述

史部的雜著。

廣義的史學體裁：歸納可分為以下十種。

①偏「紀」——王朝的一段或亡國末帝的傳記。偏是部分的、偏短的意思。

陸賈《楚漢春秋》、樂資《山陽公載記》、王韶《晉安陸紀》，姚最《梁（昭）後略》。
②小錄——私撰的人物小傳
戴逵《竹林名士》、王粲《漢末英雄》、蕭世誠《懷舊志》、盧子行《知己傳》。
偏紀、小錄，皆記時事，最為實錄，但嫌鄙樸，不能圓備。
③逸事——記國史以外的逸事。
和嶠《汲冢紀年》、葛洪《西京雜記》、顧協《瑣語》、謝綽《拾遺》。
存有異說，亦有虛妄，真偽難辨。
④瑣言——街巷傳聞的小說。
劉義慶《世說》、裴榮期《語林》、孔思尚《語錄》、陽玠松《談藪》。
記錄對談資料，但牀笫鄙言，有傷名教。
可見劉氏並未完全突破名教。
⑤郡書——地方士族名人錄。
圈稱《陳留耆舊》、周斐《汝南先賢》、陳壽《益部耆舊》、虞預《會稽典錄》。
地方人物，載譽本鄉，但他方罕聞。
⑥家史——豪門家族史
揚雄《家牒》、殷敬《世傳》、孫氏《譜記》、陸宗《系歷》，只行於家，難播於國，家興

則史存，衰則史亡。

⑦別傳——被表揚的具有封建倫理的社會人物。

劉向《列女》、梁鴻《逸民》、趙采《忠臣》、徐廣《孝子》，不能憑空編寫，必採前史而成，但資料太少。

⑧雜記——怪異見聞。

祖台《志怪》、干寶《搜神》、劉義慶《幽明》、劉敬叔《異苑》。服食鍊氣，可以益壽，福善禍淫，可以勸善。但談妖怪，義無所取。

⑨地理書——地方地理。

盛弘之《荊州記》、常璩《華陽國志》、辛氏《三秦》、羅含《湘中》。貴在記敘客觀，但如競美自己家鄉山水，鄙哉！

⑩都邑簿——都市志

潘岳《關中》、陸機《洛陽記》、以及無名氏的《三輔黃圖》、《建康宮殿》。記載宮殿、陵廟、街道、住宅、城池、以明規模、制度，但不可只記尺寸數字。

子書多敘事為主，也可稱為「史之雜（著）」，「學者博聞，盡在擇之而已。」

（三十五）辨職

辨識史家的職責。

史官的任務：

①上等不畏強權，彰善貶惡，如晉董狐、齊南史。

②中等編成史冊，流傳不朽，如魯左丘明，漢司馬遷。

③下等高才博學，聞名當時，如周史佚、楚倚相。

孔子修《春秋》、司馬遷著《史記》，皆不必賴權勢。近古晉以後撰史，必以大臣領銜居首，以致外行領導內行，因大官居位，皆為恩幸貴臣，以勢利被引用，史官失職，人莫之知，以致素餐尸祿。

《左傳》、《史記》、《漢書》、《三國志》，創於私室，著史不必在公家。應退居清靜，杜門不出，因獨成一家而已。

（三十六）自敘

劉知幾《史通》自序。

首記幼年讀史的經過，十二歲開始讀《左傳》而後《史》《漢》、《三國志》，到十七歲已看完後漢以下的帝王實錄。

二十歲做官，更加鑽研，三十以後，交結少數好友，而有整理諸史的意願，後三為史臣，再入東觀參與修《則天后實錄》，因受同事及監修大臣的掣肘牽制，理想難申，憤而私撰《史通》。

歷代評論析理之作，《淮南子》能博極周秦，錯綜數家，其後《法言》、《論衡》、《風俗通》、《人物志》、《典語》、《文心雕龍》皆各有特色，切中所論。

《史通》之作，在辨正當時史官義理之不純正，以建獨立的思想體系，雖以歷史為主題，而廣包政治、社會，並把《法言》到《文心》的問題思想融入當中，其精神在褒貶諷刺，深入廣泛的應用到各個歷史層面，因此《史通》以「多識往哲，善述前非」而獲罪於時，但能期待有「知音君子時有觀焉」。

劉子玄自比揚子雲者有四：（相似者）

①幼好詩賦，壯而不為。

②撰《史通》，如雄之《太玄》，為聞者所譏。

③作《釋蒙》，如雄之《解嘲》以釋譏。

④兩人初皆好文采而載譽，後談理論而見譏誚。

不似者：

《太玄》初為桓譚後為張衡、陸績所識而流傳後世」。

《史通》為徐堅、朱敬則賞識，但恐後無識者，「此書與糞土同損，煙燼俱滅……予所以撫卷漣洏，涙盡而繼之以血」。

（萬壽按子玄深恐《史通》失傳，今書歷一千二百餘年，刊印廣布天下，既而上庠開課，師生共論〈自敘〉之篇，此書將與日月並存，子玄將可含笑大地矣）。

〈體統〉、

〈紕繆〉、

〈弛張〉三篇亡佚？

二、外篇

外篇為史學的源流與經史的批判。

（一）史官建置

歷代史官沿革及職責。本篇為中國最早而有系統的史官史。

史官的功用：

自古以來，帝王、平民、朝野、善惡，如沒有史官記之於竹帛，將物化而無聞。

歷代史官的沿革：

史官起黃帝，備於周室，諸侯列國各有史官，君舉必書，斯職無改。並兼掌曆象，日月、陰陽、度數。漢武置太史公，後又以別職來知史務，而太史反專司占候，東漢設蘭臺令史，魏太和設著作郎，晉謂之大著作，蜀吳五胡諸國亦皆設史，唐設史館，史官待遇豐厚，高宗時命精簡人員，無才者不得修撰。

起居注，晉由著作郎兼掌，元魏設起居令史，隋置起居舍人二人，唐因之，加置起居郎二人，皇帝臨軒，侍立王階下，郎居左，舍人居右，人主有命，則逼階延首而聽，退而編錄，以為起居注。

女史記君主宮闈的私生活。

非史官而撰史者，不復詳錄。

史官有二類：

①記錄當時事情、言論——博聞實錄——董狐、南史。

②整理以前資料成書——儁識通才——班固、陳壽。

漢魏以後，取人為史官，徒列虛名，腐儒王逸之作《漢紀》，酒徒阮籍之作《魏書》，豈能裁成史書。皆沒有實際編寫，掛名而已。

近代（唐）史官能下筆者，十無一二，但書成後，署名同列，而爭受爵賞，欺世盜名，而書之史冊，後世真偽不辨。

萬壽按劉氏所嚴厲批評的現象，居然出現於他所不知的當代台灣島上。

（二）古今正史

古今正史的源流。本篇為中國最早而有系統的史籍史。

上古墳、典不傳，不足稱道。古今史籍，依次排列如下：

《尚書》——《古文尚書》

《左傳》——《公羊》、《穀梁》、鄒、夾之傳。

《國語》——《世本》、《戰國策》、《楚漢春秋》。

《史記》——褚先生補、譙周《古史考》。

《漢書》——班昭、馬融、馬續補，荀悅《漢紀》。

《（東觀）漢紀》——司馬彪《續漢書》、華嶠《漢後書》、范曄《後漢書》、袁宏《後漢紀》。

王沈《魏書》——韋曜《吳書》、陳壽《三國志》。

王隱《晉書》——干寶《晉紀》（《十八家晉書》）

沈約《宋書》——裴子野《宋略》、吳均《齊春秋》

姚察、姚思廉父子《梁書》及《陳書》（《十六國史》）

魏收《魏書》——魏澹等《魏書》。

王劭、李德林（李父）《齊志》——李百藥（李子）《齊書》

隋・牛弘《周紀》——令狐德棻《周書》

顏師古、孔穎達《隋書》、魏徵《五代紀傳》（梁、陳、齊、周、隋）

劉知幾、朱敬則《唐書》

壽按呂思勉《史通評》附有唐以後的正史源流。

（三）疑古

懷疑《尚書》古史不實者十事。

古代人物史事，流傳不易，言論則較容易，而史書亦重言輕事，使堯舜以後帝王史事未明，而敘事多與人為善，真相不使人知，因此後之賢者，已生疑竇。

六經多隱諱，記事簡約而又主觀，掩飾不少問題，使後人如聾瞽，莫究其源，今疑事有十條：

①堯舜時有四凶、不仁者，〈虞書〉安可謂堯為「克明俊德」？
②依《汲冢書》，疑舜乃奪堯而自立，〈堯典〉稱讓國，徒虛語耳。
③疑舜被放逐南方而死，〈舜典〉謂「陟方（巡守方國）而死」，不可信。
④疑益要廢禹，立啟而後自立，因失敗見誅。
⑤疑湯以力制夏桀，虛讓務光，以去己罪，再迫務光自殺而自立，《尚書》稱湯有「慚德」，乃有意隱諱。
⑥五經厚誣桀、紂之罪過，子貢、劉向已疑之。
⑦武庚為救國抗周而亡，非所謂「頑民」。
⑧周本臣於商而自僭王號，自行征伐，《論語》稱周德之大，不實。
⑨太伯迫於勢而逃亡蠻夷，轉禍為福，非《論語》所謂「至德」。
⑩周公耀威震主，使兄弟猜疑而又遽加誅戮，薄於手足之義，《尚書》引為美談，可疑。

遠古之書，記事隱沒，其妄甚矣。

按劉氏挑戰堯、舜、禹、湯、周公的政治神話，到近代《古史辨》時代，才有了繼承。

（四）惑經

批評孔子所修《春秋》經之「未諭者」十二事及「虛美者」五事。

孔子為大聖，然與弟子酬對，亦有失誤，如子見南子，子路不說，夫子誓以「天厭之」自白。子游為武城宰，夫子聞弦歌而戲之以「割雞焉用牛刀」。

《春秋》為夫子所修之史，不明的疑惑有十二：

①《春秋》貶斥，標準不一。趙盾、許止無弒君之實，而有弒君之名；齊、鄭、楚國君被弒，反書「卒」，而不書「弒」。

②齊陽生弒君荼。楚觀從弒君虔（靈王），然而《春秋》書「陳乞弒荼」、「公子比弒君虔」，捐棄首謀，自毀體例。

③《春秋》多為「賢者諱」，齊桓公不能攘夷，以致衛被滅而不書。晉文公召周襄王，為之隱諱，書「天王狩於河陽」。

④魯與吳盟，不書，但與戎盟則書，該諱而不諱。

⑤略大事（失城），存小事（盜弓玉）。

⑥先君死未葬，繼承者亦死，則不避死者名諱，但魯文公薨，其二子惡、視被殺，但不書二子之名。

⑦國君被殺稱「弒」，大夫被殺稱「殺」，但春秋稱大夫孔父、荀息亦曰「弒」。
⑧晉記本國事，皆無所隱，何以魯《春秋》大小事皆隱。
⑨《春秋》：「齊納北燕伯于陽」，公羊以「伯于陽」誤作「公子陽生」。孔子知之，卻不加改正。
⑩《春秋》書「鄭滅許」，許既滅，但又書「許男與楚圍蔡」。
⑪《春秋》記事，必依行人官的報告，以致常記小事，略大事。
⑫《春秋》記他國之事，多非其實。

《春秋》後世隨聲虛美者有五：

①時事多為古史原文，夫子所修因舊文加以雕飾而已，《史記》稱「為《春秋》筆則筆，削則削，游夏之徒，不能贊一辭」虛美一。
②宋襄公執滕子楚公子（靈王）麇弒君郟敖，《春秋》承告而書，使無辜者有罪，有罪者隱其辜，左丘稱「善人勸，淫人懼」，虛美二。
③《春秋》以褒貶為主，而魯弒君、逐其君有七（隱、閔、般、惡、視五君被弒，昭、哀二君被逐）皆未記錄。而孟子云：「孔子成春秋，亂臣賊子懼」，為虛美三。
④《史記》稱「孔氏著《春秋》，隱、桓之間則彰；定、哀之際則微，為其切當世之文，而罔褒諱之辭」則乃危行言遜，避以免禍。孟子云：「孔子曰：知我者其惟《春

秋》，罪我者其惟《春秋》。」虛美四。

⑤趙穿殺君，晉太史卻稱趙盾弒君，《春秋》史官微婉其辭，隱晦其說，而班固云：「仲尼歿而微言絕」微言之作，並不獨孔子。虛美五矣。

王充《論衡．問孔》指摘《論語》，而未及《春秋》。劉氏乃就《春秋》加以質疑，是進一步的批孔。

（五）申左

申張《左傳》勝於《穀梁》、《公羊》的優點。

《左傳》有三長處：

①體例皆取自周之禮制。

②左丘明畢睹各國史書，《左傳》對於魯國之外的它國，記事皆詳。

③左丘明與孔子同時，得以詢問孔子及其門徒，廣收第一手資料。

《穀梁》、《公羊》二傳有五短處：

①「《穀梁》、《公羊》者，生於異國」（壽按穀梁赤亦魯人，公羊高則為齊人）與孔子不同時，所記但為傳聞而已。

②《左傳》記與諸侯對談，皆本於當時史官記錄，二傳則來自流俗口說，以致齷齪瑣

碎。

③《左傳》載大夫詞令，行人應答，皆依當時國史成文編成，非由一時一手。二傳則但憑胸臆，無所準繩，言多鄙野。

④二傳但重述《春秋》經文，無所發明。

⑤衛出公輒拒父蒯聵回國為禮法不容，亦孔子所不贊成，而《公羊》反以輒為賢，有違聖人之旨。

《左傳》善惡畢彰，真偽盡露，可以補經之不足。秦漢時《左傳》未行，使得五經、雜史、諸子之記事記時，有所錯誤顛倒，及《左傳》流行，遂能糾正諸書之失。

晉汲冢獲書，與《左傳》相應合，學者遂又加以重視，《左傳》因而通行於世。壽按劉氏為古文家，偏袒《左傳》。從史料學標準觀之《左傳》與二傳之長短有似如是者，然事實劉氏所稱的前提，不少都是假設。

（六）點煩

以色筆點去史傳煩贅的文字。

舉《孔子家語》，《史記》、《漢書》、《新晉書》、《十六國春秋》等共十四條之煩字，加點，每條後寫「右除?字，加?字」，除多少字，加多少字，劉書寫的很具體，惟原書朱點亡佚，無以檢核矣。這是點校史書的方法，無關史學。

（七）雜說上

《雜說》係雜論諸史的札記，共六十五條，分：

上、中、下三篇。

上、評《春秋》、《左傳》、《公羊》各二條，《汲冢書》一條、《史記》八條、漢諸史十條。

（八）雜說中

評諸晉史六條、《宋略》一條、《後魏書》二條、北齊諸史三條、《周書》一條、《隋書》一條。

（九）雜說下

評諸史六條、別傳（非國史之傳）九條、雜識十條。

（十）漢書五行志錯誤

班固《漢志》牴牾者多，其中〈五行志〉之蕪累尤甚。其錯誤有四科：

一科　引書失宜

①《史記》、《左傳》，交錯相併。

②《春秋》、《史記》，雜亂難別。

③屢舉《春秋》，言無定體。

④書名去取，所記不同。

二科　敘事乖理

①徒發首端，不副徵驗。

②虛編古語，討事不終。

③直引時談，竟無它述。

④科條不整，尋繹難知。

⑤標舉年號，詳略無準。

三科　釋災多濫

①商榷前世，全違故實。

②影響不接，牽引相會。
③敷演多端，準的無主。
④輕持善政，用配妖禍。
⑤但伸解釋，不顯符應。
⑥考覈雖讜，義理非精。
⑦妖祥可知，寢默無說。
⑧不循經典，自任胸懷。

四科　古學不精

①博引前書，網羅不盡。
②兼採左氏，遺逸甚多。
③屢舉舊事，不知所出。

（十一）五行志雜駁

評《漢書．五行志》中關於《春秋》時事的疏略與文句的疵累十五條。

（十二）暗惑

古來傳說相習而不知明察的疑惑。

舉諸史（《史記》、《漢書》、《東觀漢記》等）虛誣迷信不實者十四條，一一加以駁正。

（十三）忤時

忤時指違逆時務，得罪權貴。

唐中宗景龍元年（七〇七年）劉知幾兼修國史，受權貴監修者之干擾，於次年上書監修蕭至忠等以求罷去，本篇主要所收錄此書，稱其不可為史者有五故：

①古史成於一人，近則多員，致相觀望，曠廢時日。

②近世史官，資料自取，難有完備。

③近世史官，怕得罪權貴，不敢直筆。

④受監修者所控制，無從下筆。

⑤分配工作，權責不明。

第三章 史通著錄版本的源流

《史通》是劉知幾一生嘔心吐膽的巨著，由於批判聖賢，疑惑經傳，遭致唐宋以來衛道之士的攻擊，使得此書流傳不廣；清代紀昀復閹割其精華，原本因之淹沒而少見。本論文在於探討《史通》歷代書志的著錄及諸版本流傳的系統，以做為研究《史通》的指引工具。首先在「著錄考」，說明《史通》最早著錄於集部，到南宋，晁公武為《史通》在史部中新設「史評類」，但後來又有歸集部「文史類」的。大抵自劉知幾以來，始終保持二十卷四〇篇之數。其次為「版本考」；在明代主要為陸深蜀本、張之象吳本兩種，並由之而衍生的明清校注本凡十餘種，皆一一詳述其特色及源流，且圖表以示其系統關係。在每一版本後，記其庋藏所在，以便研究者查考。

前言

《史通》是中國古典史學、歷史哲學最偉大的作品，作者劉知幾（七二一年）經長期積累的史學見識，於唐景龍四年（七一〇年）寫成了《史通》的初稿，在當時史學圈內造成極大的震撼，著名史家徐堅推崇說：「居史職者，宜置此書於座右。」[1]劉知幾死後一年，即開元十年（七二二年）十一月，唐玄宗下令河南府到他家抄錄《史通》，而由他的次子劉餗獻給皇帝，玄宗「讀而善之。」[2]，這一本書才傳了世。

由於《史通》對聖賢的批判，古史的懷疑，而受到唐宋學者的抨擊，如唐之柳璨、宋之孫何、宋祁等[3]，而印刷出版業逐漸進步的宋元，《史通》流傳不廣，大儒朱熹終其一身，居然未見《史通》[4]，到了明代，劉氏其人其書，知者似乎不多。明成祖敕編大百科全書式的《永樂大典》，沒有收《史通》[5]，直至十六世紀嘉靖、萬曆年間，才出現主要的兩種《史通》刻本，但這同時凌稚隆編刻《史記評林》（萬曆四年刊），收了《史通》評《史記》的話，卻誤以為劉知幾是宋人[6]。而焦竑仍然批評《史通》為「史家申韓」「多輕肆譏評，傷於苛刻」「律之以儒行，責之為聖人，不已甚乎！」[7]。清代乾隆時的學閥紀昀乾脆對認為有問題的篇章，用色筆給點掉，後來印出一本《史通削繁》的文化教材，成為清代最流行的《史通》本子，而原書反而少見[8]。由此可知，《史通》的流傳是歷經坎坷而艱難的，劉知幾的學術是備受曲解和輕視的。

到了民國，《史通》終於恢復它歷史學術上的地位，然而對此書如此波折的流傳過程，仍未有專文研究，因此乃廣搜國內外資料，以探究該書歷代著錄的實況及諸本流變的軌跡，希能對史通學之研究，有所助益。

一、《史通》的著錄

劉知幾《史通》原作篇目

《史通序錄》：「予既在史館而成此書，故便以《史通》為目。且漢求司馬遷後，封為史通子，是知史之稱通，其來自久。博採眾議，爰定茲名。凡為廿卷，列之如左，合若干言。」劉知幾自注：「除所闕篇，凡八萬二千三百五十二字，注五千四百九十八字。」

按《史通》二十卷，比較早的資料，見於劉肅《大唐新語》，和《舊唐書》的本傳[9]。

而內外篇之分，自宋版以來不易，應是劉氏之舊分。全書原五二篇，卷一至卷十為內篇，共三九篇，最後三篇，為〈體統〉、〈紕繆〉、〈弛張〉，亡佚，有目無文。並寫在目錄上，下注「亡」字。卷十一至卷二十，共十三篇，今實存四十九篇。

三篇之亡，學者有不同看法，如程千帆認為「惟有條記而書固未成。」[10] 但最可能是立論激烈，影響時人，而由自己抽掉的，即他在〈自敘〉所說：「獲罪於時，固其宜矣。」而再把篇目放在內篇最後一篇〈自敘〉的後面，上面〈序錄〉的自注，是在書成寫敘時，把三篇的字數扣去的，到了北宋，這三篇自然早已不存。所以《新唐書·劉知幾傳》便直稱他「著《史通》內外四十九篇，譏評今古。」

《舊唐書·劉子玄傳》：「《史通子》二十卷，備論史策之體。」

按《舊唐書·經籍志》，沒有著錄《史通》，在丁部別集有「《劉子玄集》十卷。」十卷，當然不包括二十卷的《史通》，在《新唐志》有「《劉子玄集》三十卷」，可能就包括《史通》。

《新唐書·藝文志》別集類「《劉子玄集》三十卷」

總集文史類「劉子玄《史通》二十卷」

按《新唐志》本詳於《舊唐志》，別集三十卷，可能包含《史通》二十卷。在總集的《史通》置於「鍾嶸《詩評》三卷」之後，把一部體大思精史學放在集部，除了無知之外，顯示史學批評之無所歸屬。

《崇文總目》史部雜史類下「《史通》二十卷，劉知幾。」

按《崇目》是北宋比較早的書目，時在慶曆元年（公元一〇四一年），終於把《史通》置於史部，但卻在雜史類中。

《通志正史》通史類：「《史通》二十卷，唐劉知幾撰。」

《郡齋讀書志》史部史評類「劉氏《史通》二十卷。」

南宋晁公武開始設史評類，使史學、歷史批評之書有所歸屬，這是史部分類學的一大進步。「右唐劉知幾撰。……知幾工訶古人……觀此書，知子京（宋祁）之論不誣。前世史部中有史鈔類，而集部中有文史類，今世鈔節之學不行，而論說者為多，故自文史類內摘出，論史者為史評，附史部，而廢史鈔云。」（卷七）

《遂初堂書目》史學類「《史通》二十卷。」

《直齋書錄解題》集部文史類：「《史通》，二十卷。」

《玉海》卷四十九藝文．論文．志：「文史類，劉子玄《史通》二十卷。」

王應麟在《玉海》中列有《史通》材料不少。「《史通》上秩，自〈六家〉至〈自敘〉三十六篇，及〈前敘〉、及〈志〉中，共四十二篇，自〈辨惑〉（職）以下，缺〈體統〉、〈紕繆〉、〈弛張〉、〈文質〉、〈褒貶〉五篇，下秩自〈史官〉至〈忤時〉十三篇。」又：「分內外篇，內篇十卷三十六篇，又有〈體統〉、〈紕繆〉、〈弛張〉三篇缺，外篇十卷凡十三篇。」則在宋代可能有不同的版本，但前者篇數鑿枘不合，或五篇即是為三篇，只是分篇不同使然。據明張鼎思等人的校本，有一篇中有數百字的大調動，則宋本可能非常紊亂。

《宋史．藝文志》．總集文史類：「劉知幾《史通》二十卷。」

元代脫脫主編的《宋志》，又開倒車的列入總集之中。

《文獻通考》史部史評：「劉氏《史通》二十卷。」

馬端臨《通考》及清《古今圖書集成》史學部史評所著錄的《史通》，皆引晁公武《讀書志》。元明以後的書目，皆歸於史部，如《四庫全書總目提要》，周中孚《鄭堂讀書志》等皆歸於史評類。錢曾《讀書敏求記》，則歸於「史」類。

二、《史通》的版本

今所知最早的《史通》傳本，是宋本，有刻本及鈔本。

宋刻本《史通》

明張之象《史通序》：「偶梁溪友人秦中翰汝立，視予家藏宋刻本，字整句暢，大勝蜀刻，儼山先生（陸深）所未及睹者，小子何幸，覯此祕籍，披閱撫玩，良慰素心，乃相與詮訂，尋討指歸，將圖不朽。」這是張之象於萬曆五年（一五七七年）校刻吳本時，所依據的宋刻本，是現已知明代所存最早的宋刻《史通》。連明代最早刻《史通》的陸深都沒見過。

宋鈔本《史通》二十卷

在明張之象刻本上，有何堂的眉批，說他借得華亭朱邦憲影宋鈔本《史通》，與張之象本互校，相信張本是依宋刻本校的。此影宋本，後清代歸盧文弨[11]。

舊明（？）鈔本《史通》二十卷

明陸深《題蜀本史通後》：「深在史館日，嘗於同年崔君子鐘家，獲見《史通》寫本訛誤，當時苦於難讀也。」陸深，上海人，明史有傳[12]，他於弘治十八年（一五〇五年）中進士，二甲第一，被選入翰林院為庶吉士，翰林院明稱史館，他的同年生崔子鐘家藏舊《史通》鈔本，但是宋鈔，或明鈔，不得而知。但大概不是上面的朱氏影宋本，因崔氏藏本並不好。

舊蜀刻本《史通》二十卷

陸深在明嘉靖乙未，即十四年（一五三五年）被派往四川，任左布政使，才入川三個月[13]，就依蜀刻舊本「補殘刓繆，凡若干言，乃又訂其錯簡，還其缺文，于是《史通》始可讀。」[14]則陸氏所新刊的蜀本，是以此舊蜀本為底本。

新刊蜀本《史通》（陸本）

明代嘉靖十四年（一五三五年）陸深在蜀所印，二十卷。乃今所知《史通》明代最早的刊本。因沒有其他善本可校，所以此本錯誤很多。清初錢曾《讀書敏求記》：「陸文裕（深）公刻蜀本《史通》，其〈補注〉、〈因習〉、〈曲筆〉、〈鑒識〉四篇，殘脫疑誤，不可復讀，文裕題其篇末，而無從是正，舉世罕覯全書，殊可惜也。此本於脫簡處，一一補錄完好，又經前輩勘對精允，凡標題行間者，皆另出手眼，覽之真有頭白汗青之感。」[15] 錢遵王藏本即由此本校補而來。現存有：

南京圖書館藏本

《史通會要》三卷

陸深在校刻蜀本的同時，另編的《史通》節本。《四庫全書提要》，史部、史評存目一：「復採其中精粹者，別纂為《會要》三卷，而附以後人論史之語，時亦以己見參之。」此書只有三卷，是卷篇目重分，如上篇包括重定的「〈建置〉、〈家法〉、〈品流〉、〈義例〉四篇目。此書後收入陸深的《儼山文集》中。現存版本有：

《儼山外集》（《儼山文集》二十六、二十七冊）

《靜嘉堂文庫》日本東京。

《百部叢書本》。臺北藝文館影印。

萬曆五年刻《史通》（張之象本）二十卷

明張之象，也是上海（華亭）人[16]，他取宋版《史通》與同鄉徐虞卿、馮美卿等人再「參合眾本，丹鉛點勘，大較以宋本為正，餘義通者仍兩存之，反復折衷，始明潤可讀，庶無遺憾」[17]。這個本子後經何堂的證明，確是精校本。萬曆五年（一五七七年）的刊本是次於陸本的明刊，現存：

臺灣國家圖書館藏本，六冊。

中國北京圖書館藏本（一九六一年中華書局據此本影印）

萬曆三十年刻《史通》（張鼎思本）二十卷

長州張鼎思依陸本的校刻本。他的《續校史通序》：「方伯莆田吳公曰：『此有《史通》，太史陸儼山氏守藩時刻也，子其讎之。』余念儼山先生，才雄學博，其於是刻用心良勤，然恨無別本參對，若有望於後人。余豈敢辭，因出篋中本，更為校卅餘字，〈鑒識篇〉增三百餘字，而去其自他篇孱者六十餘字，〈因習〉上卷已亡，刻中數行宜削而不削者，慎之也。他無可據者，姑仍其舊。」又明郭延年《史通評釋序》：「張（鼎思）先生于校為增七百三十餘字，去六十餘字，而〈曲筆〉、〈因習〉二篇，增補缺略，已成全書。」則知陸本經張鼎思的校勘有大幅度的變化，成為善本之一，而復為諸本之祖。

臺灣國家圖書館藏本八冊

日本東京皇居內閣文庫藏本

《史通評釋本》李維楨評　郭孔延附評並釋　二十卷

李、郭二人皆取張鼎思本，加以評釋。李《評》在先，郭《釋》在後。張鼎思出書後，寄給郭父一部，郭父命延年就蜀、吳本再校，最後又參張之象本而成，再附於李《評》之後。時間稍晚於張鼎思本，然亦在萬曆中[18]。《四庫提要》：「萬曆中復有張氏（鼎思）刻本……自是以後，皆以張本為祖矣。維楨因張氏之本，略為評論；孔延因續為評釋，雜引諸書以證之，凡每篇之末，標『評曰』字者，皆維楨語；標『附評』者，則孔延所補也。維楨所評，不出明人游談之習，無足置論；孔延所釋，較有引據。」

《史通訂註》陳繼儒二十卷

明．陳繼儒（一五五八～一六三九年）字仲醇，華亭人，《明史》有傳[19]。此書係依《史通評釋》為底本加以訂注。例言：「一、評有總評，有細評。總評於前，細評列於事之後。一、已注而復出者某事注見某卷書於冊顛。」此書台灣未見，明刊本藏於日本。

日本內閣文庫藏本。

日本京都大學人文學科研究所一九六七年影印。

《史通訓故》（春風亭本）王惟儉二十卷

王氏訓故先取郭孔延《評釋》，再以張之象本參校刊定。《四庫提要》：「卷端有惟儉題識，稱除增〈因習〉一篇，及更定〈直書〉〈曲筆〉二篇外，共校一千一百四十二字，然以二本相校，惟〈曲筆〉篇增入一百一十九字，其〈因習〉〈直書〉二篇，並與郭本相同，無增入之語，不知何云然也。孔延註本，漏略實甚，維儉所補，引證較詳。」王維儉，字損仲，祥符人，萬曆二十三年（一五九五年）進士，明史有傳[20]，此書於萬曆三十九年（一六一一年）刊行，即所謂「春風亭本」。明刊有：

日本東京內閣文庫本

日本東京大學本

《史通訓故補》（北平本）黃叔琳二十卷

黃氏以注《文心雕龍》聞名，此書取王維儉本加以補釋，因稱《訓故補》。《史通訓故補·序》：「注家王損仲本為善，林居多暇，竊為刪繁補遺，重梓行世。」《四庫提要》：「與浦起龍《史通通釋》，同時而成，而此本之出略前，……此本註釋不及起龍，而不甚改竄，猶屬謹嚴。真圈點批語，不出時文之式，則與起龍略同。」此書刊於乾隆十二年（一七四七年），不久浦起龍《通釋》出，注釋資料遠不如浦本，並不通行。

臺灣中央研究院史語所藏本

臺北臺灣大學文學院藏本

中國南京圖書館藏本（有浦起龍朱批）

日本東京大學藏本

日本京都大學人文科學研究所藏本

《史通通釋》浦起龍二十卷

浦起龍的《通釋》，是清代集諸校註而成的本子，他主要取李、郭的《評釋》本和王惟儉的《訓故》本參校，也有採用稍早的黃叔琳《訓故補》。本書的特色在於他的詳註，對於出處，常能窮其本根，在正文中夾有釋，是對章句的批評或疏解[21]。同時對原作極為尊重，如〈疑古〉、〈惑經〉等被垢病的幾篇，他不厭其詳的詳釋。紀昀主修的《四庫提要》分別一再批評他「更助頹波」或「多所迴護」[22]，但此本的缺點在於輕易改竄句章單字，而不必有依據，而且把註釋夾在正文中，混亂難讀。也許他自稱成書年齡已七十，文思十分枯澀。李慈銘評他：「識趣既卑，文又拙澀，全是三家村學究習氣，不特不及黃崑圃之《補注》，且不及郭延年之《評釋》也。」[23]說得有些過分，然而資料的詳贍，使浦本成為迄今最流行的版本。原刊於清乾隆十七年（一七五二年），明刊為浦氏求放心齋刊本，藏於多處。

臺灣國家圖書館藏本。（又有清翰墨園重刊本）

臺北故宮博物院藏楊守敬朱、墨、藍、紫四單批校本八冊

臺北臺灣大學

日本東京靜嘉堂文庫三套

日本東京大學。此外又有諸本：

四庫全書本（史部史評）

四部備要本（中華書局）

袖珍古書讀本（臺灣世界書局）

新點校本一九七八年中國上海古籍出版社（臺灣由里仁書局影印）

（臺北華世書局又取與呂思勉評合刊改稱為《史通釋評》）一九八〇年

《史通削繁》紀昀四卷

紀昀以浦氏為底本，對不符合封建統治者需要的「偏駁太甚」者，加以削去而編成。主要削去〈載言〉、〈表曆〉、〈疑古〉、〈點煩〉四篇，其他各編，亦皆有刪節，自序：「浦氏本最後出，……詮釋較為明備，偶以暇日，即其本細加評閱，以教兒童，所取者以朱筆，其紕繆者以綠筆點之，其冗漫者又別以紫筆點之，除二色所點外，排比其文，當皆相屬，因鈔為一帙，命曰《史通削繁》。」紀昀所編此書簡短，舊時頗為通行。法國法蘭西學院編《引得》居然把《削繁》也收進去，一九七七年編成《史通與史通削繁通檢》。是依《四部備要》本《史通通釋》為底本的。在學術及版本的立場，《削繁》甚不可取。此書正式於道光十三年（一九三三年）由盧坤刊行。後光緒元年（一八七五年）湖北崇文書局又刊行。臺北廣文書局影印。

《四部叢刊史通》二十卷孫毓修札記一卷

孫毓修於一九二二年取涵芬樓所藏明萬曆三十年張鼎思刻本，再集孫潛夫、顧千里、何

三、《史通》版本流傳系統圖

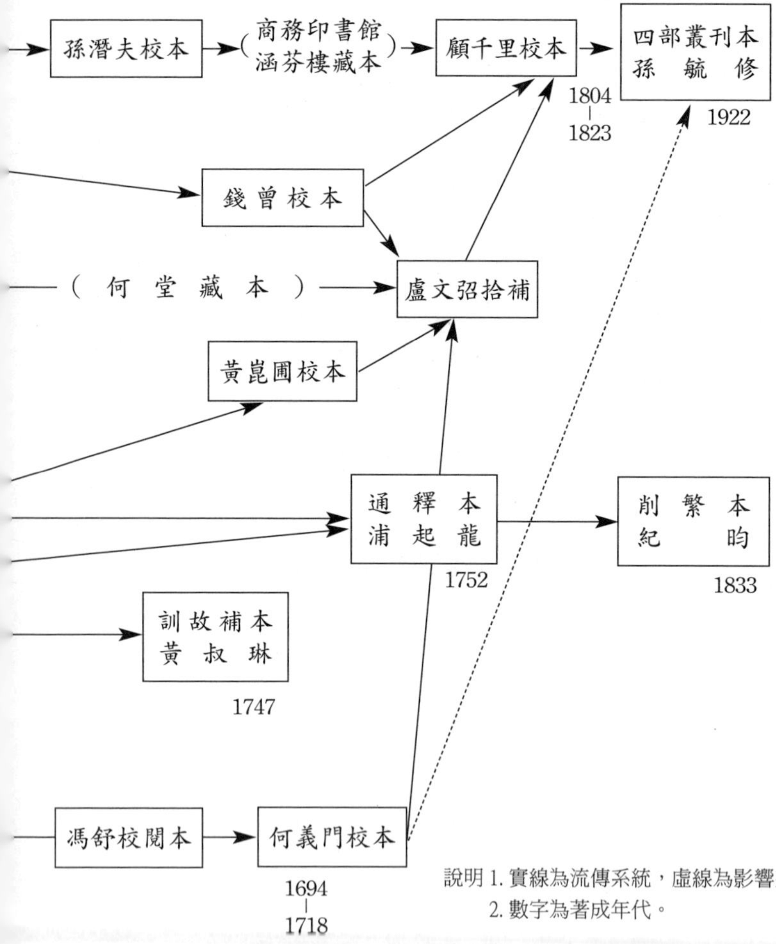

說明 1. 實線為流傳系統，虛線為影響系統。
2. 數字為著成年代。

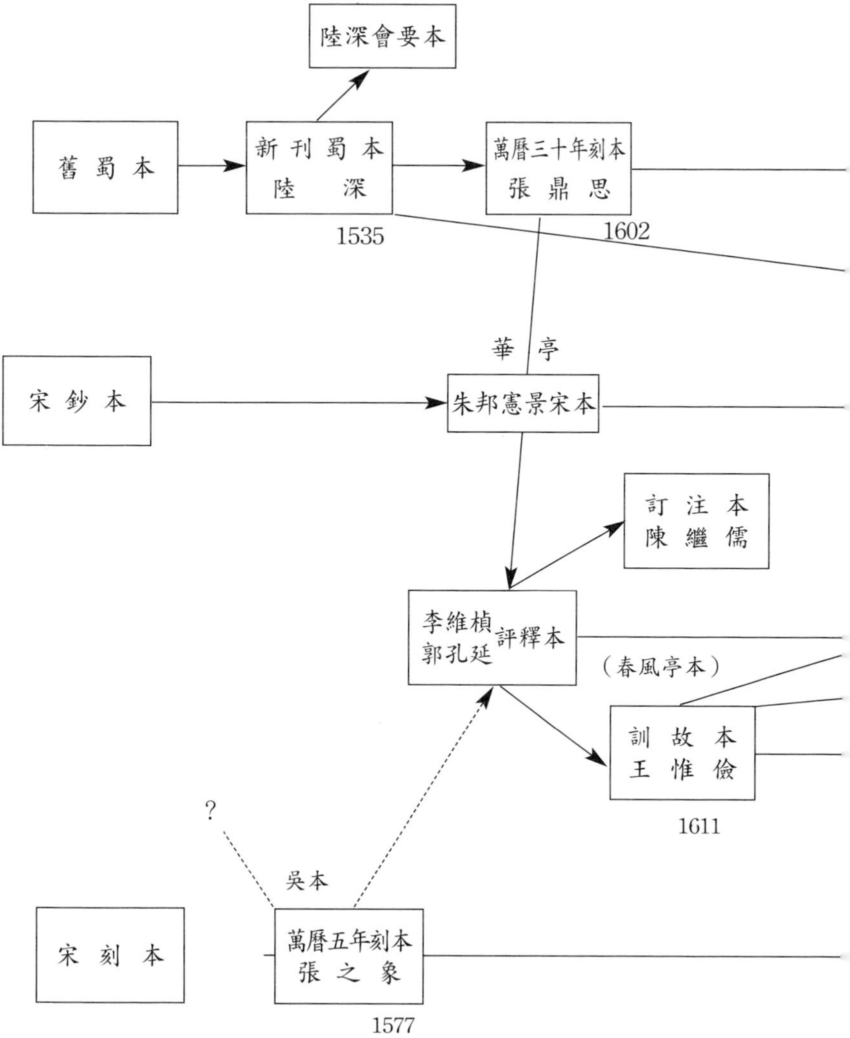
陸深會要本
舊蜀本
新刊蜀本
陸 深
1535
萬曆三十年刻本
張鼎思
1602
華 亭
宋鈔本
朱邦憲景宋本
訂注本
陳繼儒
李維楨
郭孔延
評釋本
（春風亭本）
訓故本
王惟儉
1611
?
吳本
宋刻本
萬曆五年刻本
張之象
1577

義門等校[24]合為一卷。一九二七年姜殿揚以原刻有誤字而再補校，成〈史通札記補〉一卷，附於書後。此本隨商務印書館一再印行《四部叢刊》而流行。

以上所記諸本都附有《史通》正文，以專書形式傳世，清代亦復不少學者從事校勘，除上稱孫、顧、何外，有黃崑圃、馮舒、錢曾、盧文弨等家，有的孤本，有的只是集校勘文字而不成書，因此不收，但列入流傳圖中。

（本文見台灣師大《中國學術年刊》九期，一九八七年六月）

註釋

1 《舊唐書・列傳》五十二，《劉子玄傳》。新校本三一七一頁，鼎文書局。《新唐書本傳》同頁。

2 《舊唐書》，同上，三一七三頁。王應麟《玉海》，卷四十九，藝文，〈論史〉：「志，文史類：劉子玄《史通》二十卷。景龍二年作，開元十年十一月劉餗，錄上。」大化書局，二冊，九八〇頁。按劉餗，知幾第二子，作《史例》三卷。

3 柳璨，《舊唐書》卷一七九有傳。作《史通析微》評子玄之失。孫何，《宋史》卷三〇六有傳，作《駁史通》十餘篇。宋祁主修《新唐書》，在《劉子玄傳贊》說：「知幾以來，工訶古人而拙於用己。」見〈列傳〉五十七，鼎文，六冊，四五四二頁。

4 明張之象〈史通序〉。

5 《四庫全書總目提要》，〈史評類〉，《史通評釋》。

6 兩種刻本為陸深新刊蜀本及張之象吳本。《史記評林》事張之象，《史通序》。

7 明焦竑《筆乘・史通》。

8 清李慈銘《越縵堂讀書記》三歷史：「《史通》自經紀河間刪訂為《史通削繁》，世爭行之，元本遂不多見，此最可恨。」見世界書局，新校本上，四一四頁。

9 《大唐新語》卷十九，新校本一三六頁。此書唐・劉肅於元和丁亥年（八〇七年）所作。《舊唐書》作於後晉開運二年（九四五年）。

10 程千帆《史通箋記》，中華書局，一八八頁。

11 據黃叔琳《史通訓故補》，何堂手書眉批。及盧文弨《史通拾補序》。

12 《明史》卷二八六．文苑傳二。新文豐版四冊，三二五二頁。

13 高公韶《跋新刊史通》：「同年儼山陸子，牧蜀三越月，嘗病蜀本史通難讀，乃公暇釐訛續脫，芟其繁蔓。」（《四部叢刊本史通引》）。

14 陸深〈題蜀本史通後〉（《四部叢刊本史通引》）。

15 《讀書敏求記》卷二之上．史。廣文版二冊二五九頁。

16 張之象，見《明史．文徵明傳》引。

17 郭延年（孔延）《史通評釋》序及跋。

18 何焯稱為：萬曆中郭氏刊本。

19 《明史》卷二九八〈隱逸傳〉，新文豐五冊三三七七頁。

20 《明史》卷二八八〈文苑傳四〉，新文豐四冊三二七一頁。

21 關於《通釋》的體例，見浦氏門人蔡焯的《史通通釋舉例》。

22 《四庫提要．史評》。前句見於《通釋》，後句見於《訓故補》。

23 《越縵堂讀書記》三歷史。新校本，世界，四一四頁。

24 何焯（義門）校本係據馮舒孱守居士所評之萬曆五年張之象刻本。顧廣圻（千里）校本曾採盧文弨《群書拾補．史通校正》的資料。說見孫毓修《四部叢刊史通跋》。

第四章 劉知幾實錄史學與孔子思想的矛盾

劉知幾著《史通》批判孔子與孔子所修訂的《尚書》、《春秋》。清代錢大昕以為這是劉氏為淡化、遮掩他詆毀唐太宗所敕編的六史，因而一併批評孔子，用以來避禍。本文首先反駁此說，然後探討劉氏批孔之癥結，乃在於直筆實錄為中國史學的理想，亦為劉氏堅持之信念，然此實錄之精神與儒家孔子之「子為父隱，直在其中」、「隱惡揚善」、「為親者諱，為賢者諱。」傳統思想相互矛盾，因此進而引證《史通》原典，以見劉氏批判觸角之所在；然孔子畢竟在官僚社會結構與文化學術上有不可否認的地位，所以劉氏對孔子亦有相當的推崇。本文係就《史通》全書資料，客觀的探究劉氏對孔子思想的態度及真相。

一、評錢大昕「侮聖」說

劉知幾（六六一～七二一年）是中國中古時代最傑出的歷史學家，他所作的《史通》，批評到以孔子為首的聖人，和《尚書》、《春秋》等聖人所修訂的經典。《史通》自敘稱：

「此書多譏往哲，喜述前非，獲罪於時，固其宜矣。」但這部書在言論較為開闊的唐代不僅流傳下來，而且贏得史學界的好評。名史學家徐堅說：「居史職者，宜置此書於座右。」[1]到了唐末，河東人柳璨著《史通析微》十卷，稱「《史通》譏駁經史過當。」[2]北宋初汝陽人孫何，又著《駁史通》十餘篇[3]，惜兩書已佚，無從知道內容。不久歐陽修等主修的《新唐書》編成，宋祁在劉子玄（知幾）等人的《傳》贊說：「唐興，史官秉筆眾矣。……舊史之文，猥釀不綱，淺則入俚，簡則及漏。寧當時儒者有所諱而不得騁耶？或因淺仍俗不足於文也？亦有待于後取當而行遠耶？何知幾以來，工訶古人而拙於用己歟！」[4]所謂「工訶古人」，就是擅長責罵古人，是否如此呢？清代學者錢大昕有一個很奇特的說法：

> 劉知幾沈潛諸史……三為史官……既沮抑于監修，又見嫉于于同列，議論鑿枘，不克施行，感憤作《史通》內外篇，當時史局遵守者，不過貞觀所修《晉》、《梁》、《陳》、《齊》、《周》、《隋》六史之例，故其書指斥尤多，但以祖宗敕撰之本，輒加彈射，又恐讒謗取禍，遂於遷、固已降，肆意牴排，無所顧忌，甚至〈疑古〉、〈惑經〉，誹議上聖，陽為狂易侮聖之詞，以掩詆毀先朝之迹，恥巽辭以諛今，假大言以蔑古，寘諸〈外〉篇，竊取莊生盜跖之義，後人大聲疾呼，目為名教罪人。[5]

在此是說劉知幾抑鬱於當時，感憤而著《史通》，主要用以批評唐太宗所敕編的六部史書，同時為躲避因此而招來的文字禍，連司馬遷、班固等人所作的史書也一併紙排，還仿《莊子・盜跖篇》（《史記・莊子傳》：「作《盜跖》……以詆言此孔子之徒」）來批判孔子，錢大昕認為劉知幾瘋狂失性（即「狂易」）的侮辱聖人，目的在掩遮、淡化他詆毀太宗敕編六史的行為。

對於此說，析論如下：

1. 劉知幾自稱「鬱怏孤憤……退而私撰《史通》」（〈自敘〉），其主要動機是為記錄他長期積累的歷史研究之見解，以及宣洩他被壓抑的史官獨立著述之精神[6]。這當然會在《史通》中反彈他鬱積的憤懣，但發洩與訴求的對象，與其說是唐太宗所命令編的六史。不如說是唐代的官僚體制與修史制度使然，他曾上書宰相，請辭史職，其「五不可」為史的理由（〈忤時〉）便是指制度上的欠缺，而且監修國史者由宰相兼領，以致干預史官修史，他要求更改《武后實錄》的錯誤，而遭武三思拒絕[7]。因此他在〈辨職篇〉極力反對官方修史和監修制度。

2. 《史通》的確對六史批評不少，如指責李百藥《北齊書》、顏師古的《隋書》不該稱荀濟、王謙為叛逆（〈因襲〉）。指責令狐德棻《周書記》言多用古語（〈言語〉）等，但這些毛病，都是沿襲前代的史書，非唐初修史時才有的錯誤。六史是當時重要的史書，劉知幾當然要挑出它的錯誤。而且《史通》四十九篇中談到六史的不及一半篇目，所論份量也不多，亦多不是該篇中的核心問題。另外用辭溫和，遠不及對魏收《北魏書》、王沈《魏書》的激烈，所以《史通》並非蓄意攻擊六史，更何況修史者如魏徵等早已物故，如要批評，也無所忌憚。

3.如劉知幾真的要「詆毀先朝」，結果再故意「侮聖」，豈非罪上加罪？讓「侮聖」，而掩護「詆毀先朝」是不合邏輯的想法。

4.唐在武后、中宗、睿宗間，確實殺戮甚重，但這些是對參與政治鬥爭，角逐權位的政客才有威脅，讀書人儘管陳諫高亢，只要沒有行動，或捲入派系，就平安無事。像徐堅上書反對武后「與逆同堂親不任京畿，緦麻親不得侍衛」的詔令，但卻小心翼翼的拒絕武攸暨的拉攏，他說「吾非求高，逃禍耳。」[8]劉知幾的〈思慎賦〉就是在這樣的環境中寫的，目的在「悼士無良而甘於禍」[9]。即在諷刺貪戀權位者不能急流勇退，而不是害怕自己的生命不保。當時史官似乎還找不到因修史得禍而被殺的。《新唐書》卷一三二記劉子玄（知幾）外，有吳兢、韋述、蔣乂、柳芳、沈既濟等史官，無一不是年老善終，而曾任史官的邢文偉、路敬淳之死[10]，當時並非史官，皆因政治案件罹難，因此知劉知幾實在是沒有什麼禍可避的。

5.唐代對於常發言論勸諫的文人或諫官，殊少羅織，甚至還鼓勵。〈疑古〉篇稱：「旦

（周公姬旦）行不臣之禮，挾震主之威，迹居疑似，坐招訕謗。雖奭以亞聖之德，負明允之才，目睹其事，猶懷憤懣。況彼二叔者，……能不懷猜，……而周公自以不諴，遽加顯戮，……斯則周公於友于之義薄矣。」此條指周公義薄兄弟，難免連想到唐太宗李世民殺建成元吉兄弟之事[11]，但其實只是引申魏晉以來學者對周公殺放管叔蔡叔的疑竇[12]，而不是衝著李世民而來，自然也與六史無關，畢竟在封建社會中重演的史事著實太多。

6.《莊子》〈盜跖〉篇是戰國末道家學者對孔子思想嚴厲批判的一篇文章。進入漢代，高祖劉邦曾以太牢祠孔子[13]；武帝獨尊儒術後，孔子遂成為最高的聖人，被尊為素王[14]，從此再也沒有人如莊子一樣的敢大膽挖苦孔子。魏晉以後，佛道盛行，但帝王及太子仍親自釋奠，成為定制。唐太宗尊孔子為宣父，頒行《五經》正義，下令全國州縣皆建孔廟，行鄉飲酒禮，從貞觀到劉知幾死時的開元，不斷有皇帝或太子釋奠國學。在這樣一個長期受儒家籠罩的大環境下；劉知幾雖有反對孔子之意，也不致有「狂易侮聖之詞」，「狂易侮聖」是錢氏主觀的形容詞。

以上六點，足以見劉知幾並非單獨彈射六史之例，更不是為避禍而誹議聖人[15]，錢大昕所說並不確實。那麼劉知幾對孔子的態度如何呢？在下文全面的分析。

二、劉知幾實錄史學與儒家隱諱思想的矛盾

《史通》一書的主旨，是強調實錄，強調直筆。實錄，是不論美惡，照實記錄；直筆，是直接的具體的記錄。兩者，異名同實，都是不隱惡，不虛美，這與儒家的「子為父隱，直在其中」（《論語．子路》）「隱惡而揚善」（《禮記．中庸》）是相互對立的。而且實錄直筆就要不畏懼尊長強權，敢記錄他們的罪過，這又與儒家標榜的「親親」「尊賢」（《中庸》）、「《春秋》為尊者諱，為親者諱，為賢者諱」（《公羊傳．閔元年》）的思想相互鑿枘。因此，先要探討劉知幾史學淵源的背景，才能從中看出他與儒家隱諱思想的矛盾性。

（一）發揚史家的實錄精神

中國自上古以來，史家的理想一向重視實錄直筆的精神。從春秋董狐、南史氏到西漢司馬遷都是以直筆為職責的。《史通．辨職》篇：

> 史之為務，厥途有三焉。何則？彰善貶惡，不避強禦，若晉之董狐、齊之南史，此其上也。編次勒成，鬱為不朽，若魯之丘明，漢之子長，此其次也。高才博學，名重一時，

若周之史佚，楚之倚相，此其下也。

史家的職務分三等，上等是以不怕死的道德勇氣來直筆。中等的左丘明的《左傳》，〈申左〉篇稱「左氏之義有三長」，其三長即皆實錄。至於司馬遷的《史記》，班固稱讚說：「其文直，其事核，不虛美，不隱惡，故謂之實錄。」[16]

在這基礎下，《史通》除〈直書〉、〈曲筆〉兩篇直接論述實錄之外，幾乎在各篇中都含有實錄的觀念。《載文篇》：

「若乃宣、僖善政，其美載於《周詩》，……讀者不以吉甫、奚斯為諂，……蓋不虛美，不隱惡也。」

〈惑經〉篇是批評孔子所修的《春秋》的專文：

夫史官執簡，宜類於斯。苟愛而知其醜，憎而知其善，善惡必書，斯為實錄。觀夫子修《春秋》也，多為賢者諱。狄實滅衛，因桓恥而不書；河陽召王，成文美而稱狩。

這裡劉知幾就了當的指責《春秋》不合實錄的精神，替所謂賢者如齊桓公、晉文公來掩飾劣行。

在古代封建社會中，當在位者及其家族之尊長破壞他們自己所定的行為規範時，御用的史家加以隱瞞，固然是符合統治階級的利益，但卻是違背實錄直筆的精神，尤其兩漢以來的社會中，已把這種隱諱的行為，視為聖人的名教，那麼劉知幾勢必要與孔子起衝突了。

（二）繼承王充的孔子批判

劉知幾的史通，自稱是師承《淮南子》、《法言》、《論衡》、《風俗通》、《人物志》、《典語》、《文心雕龍》七書而來，其中思想上影響最大的應為王充的《論衡》。[17]

王充反對天人感應，讖緯禁忌、鬼神迷信等對《史通》五行志錯誤、書志、暗惑等篇，有直接的影響，這些且不必去論。主要的是劉知幾繼承了王充懷疑聖人，反對權威的反傳統禮教的思想。王充認多聖人不能「神而先知」，孔子、周公、虞舜等聖人的「耳目聞見與人無別，遭事睹物與人無異。」（〈知實〉）而著名的〈問孔〉篇，一一條列舉以質問與反駁孔子之言行。〈問孔篇〉說：

> 世儒學者，好信師而是古，以為賢聖所言皆無非，賢聖下筆造文，用意詳審，尚未可謂

盡得實，況倉卒吐言，安能皆是。……世之解說說人者，非必須聖人教告乃敢言也……誠有傳聖業之知，伐孔子之說，何逆于理。[18]

聖人和凡人一樣也會有錯，一樣也可以批評，所以劉知幾追求實錄的批判精神是繼承王充的。〈惑經〉篇的結語說：

昔王充設論，有〈問孔〉之篇，雖《論語》群言，多見指摘，而《春秋》雜義，曾未發明。是用廣彼舊疑，增其新覺。

則知由於王充批判了論語；春秋還沒人批判，因此劉知幾就寫〈惑經〉篇了。除〈惑經〉外，《史通》在外篇中的〈疑古〉、〈雜說〉、〈五行志〉、〈暗惑〉諸篇逐條批駁古書，其形式與精神，都是與《論衡》的〈問孔〉、〈刺孟〉等篇相同。在〈問孔〉篇中，王充反對有人引「《春秋》為賢者諱」來隱諱蘧伯玉使者的缺點，他認為「《春秋》之義，為賢者諱，亦貶纖介之惡。今不非而諱，貶纖介安所施哉？」[19]他認為那怕是細微的一點錯誤也要批評。《春秋》不該忌諱。因此他的心裡是不贊成「為賢者諱」的，這種微婉的表達方式，在《史通》的詞語中也每每可見。

三、劉知幾對孔子及其思想的態度

劉知幾《史通》全書對孔子及其思想的不滿態度，由上文已可以了解：他為著堅持實錄直筆的原則，必然對孔子言論及其修訂的《尚書》、《春秋》的隱諱現象有所批判，但政治環境的限制，使他不得不用比較委婉的態度和語調來表達。另外一方面，他也深刻的接受傳統儒學教育與薰陶，自然不能擺脫孔子的影響，既肯定孔子在文化學術上的地位，又常以孔子言論做為他的史論依據。以下是綜合全書，歸納成兩類六部分來討論：

（一）對孔子的批判

1. 孔學的全面檢驗

偽錄曲筆與實錄直筆是相對立的，是劉知幾最痛恨的。其所以會如此的思想源頭，劉氏把它歸之於孔子。〈曲筆〉篇：

肇有人倫，是稱家國，「父父子子」「君君臣臣」，親疏既辨，等差有別。蓋「子為父隱，直在其中」，《論語》之順也。略外別內，掩惡揚善，《春秋》之義也。自茲已降，率由舊章。史氏有事涉君親，必言多隱諱，雖直道不足，而名教存焉。其有舞詞弄札，飾非文過，若王隱，虞預毀辱相凌，子野、休文釋紛相謝。用舍由乎臆說，威福行乎筆端，斯乃作者之醜行，人倫所同疾也。亦有事每憑虛，詞多烏有，或假人之美，藉為私惠；或誣人之惡，持報己仇。若王沈《魏錄》濫述貶甄之詔，陸機《晉史》虛張拒葛之鋒，班固受金而始書，陳壽借米而方傳。

《論語》的「父父子子」，是講「親親」，是用以分親疏；「君君臣臣」[20]是講「尊賢」，是用以別貴賤。《春秋》之義，對外國專記大惡，不記小惡；對本國專記小惡，不記大惡[21]。這都是為君親徇私作假的理論根據。「直道不足，名教存焉。」兩句，是為緩和攻擊的贅句。《論語》《春秋》之言，造成了王隱到陳壽等人曲筆阿時的修史行為，劉知幾深惡痛絕的大罵：「此又記言之奸賊，載筆之凶人，雖肆諸市朝，投畀豺虎可也。」

〈疑古〉篇是批判《尚書》的，〈惑經〉篇是批判《春秋》的，雖然《尚書》、《春秋》可能是孔子依自己的原則加以編輯改訂的，但原文並非孔子所寫，而劉知幾把所有責任都推給孔子，〈疑古〉篇：

案《論語》曰：「君子成人之美，不成人之惡。」[22]又曰：「成事不說，遂事不諫，既往不咎。」23又曰：『民可使由之，不可使知之。』24夫聖人立教，其言若是，在於史籍，其義亦然。是以美者因其美而美之，雖有其惡，不加毀也；惡者因其惡而惡之，雖有其美，不加譽也。故孟子曰：「堯、舜不勝其美，桀、紂不勝其惡。」25魏文帝曰：「舜、禹之事，吾知之矣。」26漢景帝曰：「言學者無言湯、武受命，不為愚。」27斯並曩賢精鑑，已有先覺。而拘於禮法，限以師訓，雖口不能言，而心知其不可者，蓋亦多矣。」

《論語》要君子與人為善，對過去的好事壞事，都不必去追究了解它的真假，結果積成了美者愈美、惡者愈惡的假歷史，雖然有賢者心裡看透這些政治神話，但因「禮法」「師訓」的束縛，而不能講出來。這一段話非常精采，既為古今懾於權勢而不敢言的才士打破心中之結，也為他自己寫《史通》的批判方法作注腳。同時他還懷疑《春秋》、《尚書》、《論語》等書，書，事無大小，動輒忌諱，隱瞞許多史實，篡改許多史料。〈疑古〉篇說：

魯史之有《春秋》也，外為賢者，內為本國，事靡洪纖，動皆隱諱。斯乃周公之格言28，然何必《春秋》，在於六經，亦皆如此。故觀夫子之刊書也，夏桀讓湯，武王斬紂，其事甚著，而芟夷不存。觀夫子之定禮也，隱、閔非命，惡、視不終，而奮筆昌言云：「魯無篡弒。」[29] 觀夫子之刪詩也，凡諸國風，皆有怨刺，在於魯國，獨無其章。觀夫子之《論語》也，君娶於吳，是謂同姓，而司敗發問，對以「知禮」[30]，斯驗世（一作「聖」）人之飾智矜愚，愛憎由己者多矣。」

這裡舉出孔子所撰修的《春秋》、《書》、《禮》、《詩》、《論語》若干資料之不可靠，打擊面很大。在〈疑古〉篇「疑五」以《墨子》等其他史料，說明湯以武力制服夏桀，再假裝讓位給務光，以取得讓賢美名，然後讓務光自殺，自己再即位。而《尚書》只稱湯有「慚德」，乃是「孔父截翦浮詞，裁成雅誥，去其鄙事，直云慚德，豈非欲滅湯之過，增桀之惡者乎？」說是孔子刪棄商湯的鄙事，未必可信。最後一語道破歷史的取捨是聖人的「飾智矜愚，愛憎由己」尤其，劉知幾看到六朝以來不斷內部篡位，或外來征服，再也不相信什麼「禪讓」「革命」了。

在劉知幾的內心，史事已經沒有權威，看穿了聖賢之言行及政治的神話。〈雜說〉上篇：

《左傳》稱仲尼曰：「鮑莊子之智不如葵，葵猶能衛其足。」[31] 左氏錄夫子一時戲言，以為千載篤論。

劉知幾評孔子隨便比喻的一句戲言，《左傳》居然把它當真。這就如王充所說的「賢聖倉卒吐言，安能皆是。」（〈問孔〉）一樣。

2.先捧而後批

〈疑古〉篇稱「拘於禮法，限以師訓」而很難道破聖人的真相。所以要對聖人較嚴厲的批評時，要先歌頌一番，這就是以退為進，或「小退大進的行文策略」[32]。〈惑經〉篇是對孔子所訂最重要的《春秋》經的批判。〈惑經〉一開始就說：

> 昔孔宣父以大聖之德，應運而生，生人已來，未之有也。故使三千弟子，七十門人，鑽仰不及，請益無倦。然則尺有所短，寸有所長，其間切磋酬對，頗亦互聞得失。何者？睹仲由之不悅，則矢天厭以自明[33]，答言偃之絃歌，則稱戲言以釋難[34]。斯則聖人設教，其理含弘，或援誓以表心，或稱非以受屈。豈與夫庸儒末學，文過飾非，使夫問者緘辭杜口，懷疑不展，若斯而已哉？嗟夫！古今世殊，師授路隔，恨不得親膺灑掃……菁華久謝，糟粕為偶，遂使理有未達，無由質疑……但孔氏之立言行事，刪《詩》贊《易》，其義既廣，難以具論。

前面說孔子是天夫生的大聖，為生人所未有，在「然則」之後，就說他的言談有所欠缺，還要用發誓及「開玩笑」的話來向學生解釋，這種寬大的行為不是庸儒可比。但時空阻隔，後人已不能了解他的菁華。劉知幾很有技巧的用贊美的文句，來掩飾其中的疑惑。接下來就是「竊詳《春秋》之義，其所未諭者有十二」，在十二條未諭者當中，不時出現責難的詞語。如「觀夫子修《春秋》也，多為賢者諱，……苟書法其如是也，豈不使為人君者，靡憚憲章，雖玷白圭，無慚良史也。」（三）「夫子之修春秋，皆遵彼乖僻，習其訛謬，凡所編次，不加刊改者矣。何為其間則一褒一貶，時有弛張，或沿或革，曾無定體。」（九）「夫子所修也則不然。……使巨細不均，繁省失中……夫子既撰不刊之書，為後王之則，豈可仍其過失，而不中規矩者乎？」（十一）最後還說：

「凡所未諭，其類尤多，靜言思之，莫究所以。豈『夫子之牆數仞，不得其門。』者歟？將『某也幸，苟有過，人必知之』者歟？如其與奪，請謝不敏。」

這樣子先捧而後大批，不能說是溫和的批評而已。其實劉氏所評《春秋》，皆為體例的問題，大半都不是很有道理的[35]。

在十二條未諭者之後，又有虛美者五點。劉知幾很不客氣的說：「世人以夫子固天攸縱，將聖多能，便謂所著《春秋》，善無不備，而審形者少，隨聲者多，相與雷同，莫之指實，權而為論，其虛美者有五焉。」

一是稱孔子僅就《春秋》舊文加以雕飾而已，《史記》稱「游、夏之徒，不能贊一辭」虛美一。二是《春秋》以無辜加罪，有罪隱辜，左丘明稱「善人勸，淫人懼」虛美二。三是《春秋》重褒貶，而魯國被弒被逐的君主七人，皆未記錄，孟子云：「孔子成《春秋》，亂臣賊子懼。」虛美三。四是孔子著《春秋》，在定公哀公時言論微弱，乃是身處當世，求全避禍。《孟子》云：「孔子曰：『知我者其惟春秋乎，罪我者其惟《春秋》乎？』」虛美四。五是晉大史稱「趙盾弒其君」的微婉隱晦的說法，是《春秋》常事，而《漢書》云：「仲尼歿而微言絕」是虛美五。這五點都是針對孔子，極為苛刻的否定。

總之，〈惑經〉一篇，是從許多角度來批判孔子，比之於〈疑古〉更為廣泛，但不如〈疑古〉富有思想性。

3.隱微的批評

劉知幾常在敘述的文句中，暗藏對孔子的批評。如〈因習〉篇：

「古者諸侯曰薨，卿大夫曰卒。……案夫子修《春秋》，實用斯義。而諸侯皆曰卒，魯獨稱薨者，此略外別內之旨也。」

古制度中，諸侯死稱「薨」，卿大夫死稱「卒」，孔子修春秋，本應以此原則，但《春秋》經中卻稱他國諸侯死為「卒」，本國諸侯死為「薨」[36]，可見這就是《春秋》「略外別內」的偏頗。此輕微平淡的文字一語帶過孔子的徇私而不合禮法。又〈序傳〉篇：

「夫自媒自衒，士女之醜行。然則人莫我知，君子不恥。案孔氏《論語》有云：『十室之邑，必有忠信。不如某（丘）之好學也。』[37]又曰：『吾每日三省吾身，為人謀而不忠乎？與朋友交而不信乎？』[38]又曰：『文王既歿，文不在茲乎？』[39]又曰：『吾之先友嘗從事於斯矣。』[40]則聖達之立言也，時亦揚露己才，或托諷以見其情，或選辭以顯其迹，終不盱衡自伐，攘袂公言。且命諸門人『各言爾志』，由也不讓，見嗤無禮。歷觀揚雄已降，其自敘也，始以誇尚為宗。」

自我吹噓、自我表現，並不是好的行為，但孔子卻時時揭露己才，但終究不在公眾之前，自誇自吹。這些反反復復，顛顛倒倒的話，非常詭異，卻說明了劉知幾並不滿意孔子的自我炫耀。

4.博聞舊事要超出孔子之外

孔子既然也有缺點，則歷史取材就要廣泛，要超出權威之外，不可只守一家之言。〈雜述〉篇：

> 然則芻蕘之言，明王必擇，葑菲之體，詩人不棄。故學者有博聞舊事，多識其物，若不窺別錄，不討異書，專治周、孔之章句，直守遷、固之紀傳，亦何能自致於此乎？且夫子有云：「多聞，擇其善者而從之。」「知之次也。」[41]苟如是，則書有非聖，言多不經，學者博聞，蓋在擇之而已。」

過去的歷史，是保留於許多不同的資料上，所以要打破宗經，徵聖的門限，能參證百家的異說。《史通》的〈疑古〉篇的考辯，就是用這個方法。「取其正經雅言，理有難曉，諸子異說，義或可憑，參而會之，以相研覈。」（〈疑古〉）

（二）對孔子的推崇

1.學術的推崇

劉知幾儘管對孔子頗多微辭，畢竟還是要肯定孔子在古代中國對整理典籍和傳遞文化上有極大的貢獻。現分兩方面來說：

⑴整理典籍

劉知幾的〈自敘〉篇說：

「昔仲尼以睿聖明哲，天縱多能，睹史籍之繁文，懼覽者之不一，刪《詩》為三百篇，約《史記》以修《春秋》，贊《易》道以黜《八索》，述《職方》以除九丘，討論《墳》、《典》，斷自唐虞，以迄於周。其文不刊，為後王法。自茲厥後，史籍逾多，苟非命世大才，孰能刊正其失？嗟予小子，敢當此任；其於史傳也，嘗欲自班、馬已降，訖於姚、李、令狐、顏、孔諸書，莫不因其舊義，普加釐革。但以無夫子之名，而輒行夫子之事，將恐致驚末俗，取咎時人，徒有其勞，而莫之見賞，所以每握管歎息，遲回者久之，非欲之而不能，實能之而不敢也。」

孔子全面的整理典籍，劉知幾有心效法，想要整理從史、漢到唐初諸史，信心十足，可惜怕得罪人而不敢為。

此外，《史通》也分別談孔子訂定各種經書。〈稱謂〉：

昔夫子修《春秋》，吳、楚稱王而仍舊曰子，此則褒貶之大體，為前修之楷式也。

〈辨職〉篇：

昔魯叟之修《春秋》也，不藉三桓之勢。

以上稱孔子以私人修史，褒貶古人。又〈斷限〉：

夫書之立約，其來尚矣，如尼父之定《虞書》也。

〈採頤一〉篇：

「古之述者，豈徒然哉！或以取舍難明，或以是非相亂。由是書編典誥，宣父辨其流。」

以上談的是《尚書》。

劉知幾雖然在〈疑古〉篇抨彈群經的瑕疵，卻是不敢否定孔子在學術上的地位。

(2)傳遞文化

劉知幾對《春秋經》相當不滿，卻相當欣賞《左氏傳》，而左丘明的傑出，他認為是師承孔子的，這當然是有矛盾的。〈古今正史〉篇：

當周室微弱，諸侯力爭，孔子應聘不遇，自衛而歸。乃與魯君子左丘明觀書於太史氏，因《魯史記》而作《春秋》。上遵周公遺制，下明將來之法，自隱及哀十二公行事，經成以授弟子，弟子遇而異言，丘明恐失其真，故論本事而為傳，明夫子不以空言說經也。[42]

〈敘事〉篇：

既而丘明受經，師範尼父。

〈鑒識〉篇：

觀左氏之書，為傳之最，而時經漢、魏，竟不列於學官，……夫以丘明躬為魯史，受經仲尼，語世則並生，論才則同恥。

其後的一些著作，也受孔子的影響。

〈模擬〉篇：

夫述者相效，自古而然。……揚子雲之草《玄》也，全師孔公。

〈雜述〉篇：

《家語》載言，傳諸孔氏。

按指揚雄《太玄經》與《孔子家語》二書與孔子沒有直接關係。

2.言論的推崇

《史通》大量引用孔子的言論，一則成為他史論的法式和標準，一則化成他詞章文句的一部分。

〈稱謂〉篇：

「孔子曰：『唯名不可以假人。』[43]又曰：『名不正則言不順。』『必也正名乎！』[44]，是知名之折中，君子所急。況復列之篇籍，傳之不朽者邪！」

〈敘事〉篇：

昔夫子有云：「文勝質則史。」[45]故知史之為務，必藉於文。

〈品藻〉篇：

「子曰：『以貌取人，失之子羽，以言取人，失之宰我。』[46]光武則受誤於龐萌，曹公則見欺於張邈。」

〈人物〉篇：

「語曰：『君子於其所不知，蓋闕如也。』[47]故賢良可記，而簡牘無聞，斯乃察所不該，理無足咎。」

〈辨職〉篇：

「昔『子貢欲去告朔之餼羊』，子曰：『爾愛其羊，我愛其禮。』[48]又語云：『雖無老成人，尚有典刑。』[49]觀歷代之置史臣，有同嬉戲，而竟不廢其職者，蓋存夫愛禮，吝彼典刑者乎！」

〈暗惑〉篇：

「蓋《語》曰：『君子可欺不可罔。』[50]至如邪說害正，虛詞損實，小人以為信爾，君子知其不然。又《語》曰：『信書不如無書。』[51]蓋為此也。夫書彼竹帛，事非容易，凡為國史，可不慎諸！」

以上都是把《論語》中孔子的話當作論證的準則，至於把孔子的話化成劉知幾的文句，更不勝枚舉，這文人為文立言引用經書聖人之言的常事，茲僅舉一例：

〈覈才〉篇：

「光伯（劉炫）以洪儒碩學，而迍邅不遇，觀其銳情自敘，欲以垂示將來，而言皆淺俗，理無要害。豈所謂『誦詩三百，雖多，亦奚以為』[52]者乎！」[53]

結語

一、劉知幾的確受到唐初，朝政與工作上的壓力，使他昇華為寫《史通》的動力，但唐初所編的史書，並不是《史通》所研究所批判的主要對象，更不是為避禍，連帶的也來批判孔子。他寫《史通》的目的，是要建立一個歷史的分類、體裁、體例的架構，及其編輯方法，特別是以實錄直筆的精神來貫穿全書。

二、劉知幾受實錄史學及王充問孔的批判精神之影響，使他格外重視不畏威權，直筆實錄的信念，而以致與孔子為君親隱諱的思想，產生對立，使得他對孔子頗多微辭。

三、劉知幾一則基於孔子的歷史地位及本人受儒家文化的影響，使他必須肯定孔子；一則基受「禮法」「師訓」的壓力，使他不能完全否定孔子。因此推崇孔子與批判孔子的文句就並陳於《史通》之上。雖然他不能完全統一兩者的矛盾，但我們可解釋為：肯定的是編集經典，否定的是隱諱史事。當然他把所有經書的創作，都繫於孔子一人之下，使得孔子要負起更多的名教之責。

註釋

1 《舊唐書》卷一〇二，〈劉子玄傳〉，新校本三一七一頁。臺北鼎文書局版，四冊。又亦見於《新唐書》。

2 《舊唐書》卷一七九〈柳璨傳〉。鼎文三冊，二三三四頁。又《新唐書》卷二二三〈姦臣傳〉亦有〈柳璨傳〉。

3 《宋史》，卷三〇六，〈孫何傳〉。

4 《新唐書》卷一三二劉子玄、吳兢、韋述、、蔣乂、柳芳、沈既濟合傳的贊。鼎文六冊，四五四二頁。

5 《十駕齋養新錄》，卷十三《史通》，商務國學叢書三〇三頁。

6 拙作《史通析論》。臺灣師範大學《文風》，二一〇頁。

7 《新唐書．劉子玄傳》，鼎文六冊，四五二一頁。

8 《新唐書》卷一九九，〈徐堅傳〉。鼎文七冊，五六六二～五六六三頁。

9 《新唐書》，卷一三二，〈劉子玄傳〉。四五二〇頁。

10 邢文偉，為右史，因附宗秦客而貶珍州刺史，後制使至州境，文偉以為要殺己，而自縊。路敬淳，太子司議郎，兼修國史，後因與綦連耀結交，被連累下獄而死，二人事見《舊唐書》卷一八九下本傳。

11 陳漢章《史通補釋》以為〈疑古篇〉是劉氏假古以切今。

12 魏甘露元年，皇帝曹髦曾到太學，與博士庾峻論「堯失之四凶，周公失之二叔」之事，見《三國志》卷四，〈少帝紀〉。後曹魏嵇康有〈管蔡論〉，亦疑周公。《史通》疑古諸事，多承六朝疑古之風而來。

13 《漢書》卷一下〈高祖紀〉。

14 《漢書・董仲舒傳》：「孔子作《春秋》，先正王而系萬事，見素王之文焉。」

15 逯耀東〈史通疑古惑經篇形成的背景〉一文，重申錢大昕之說，以為「巧妙地避開了可能遭遇的政治株連，這正是劉知幾屈伸隨世周身避禍思想的表現。」見《當代雜誌》第一〇期，一九七八年二月一日。

16 《漢書・司馬遷傳贊》。新校本三冊，二七三八頁。

17 學者多重視《論衡》與《史通》的關係。如梁啟超《中國歷史研究法》第二章。翦伯贊〈論劉知幾的歷史學〉，見《史料與史學》。劉節《中國史學史稿》，〈劉知幾的史學〉。許冠三《劉知幾的實錄史學》二。

18 《論衡》，中華書局第二冊五〇〇～五〇三頁。

19《論衡》，二冊五四一頁。

20《論語．鄉黨篇》。

21《公羊傳．隱公十年》，十三經注疏本，藝文版四一頁。

22《論語．顏淵篇》。

23《論語．八佾篇》。

24《論語．泰伯篇》。

25《孟子》佚文。見應劭《風俗通．正失篇》，引《孟子．外書．性善辨》。

26《三國志．魏志．文帝紀》注引《魏春秋》。

27《史記．儒林傳．轅固生傳》。

28《三國志．魏志．崔琰傳》：「蓋聞盤于遊田，書之所戒，魯隱觀魚，《春秋》譏之，此周公之格言，二經之明義。」

29《禮記．明堂位》：「魯，王禮也，天下傳之久矣，君臣未相弒。」按浦起龍《通釋》以為定禮之「禮」是《春秋》，錯誤。

30《論語．述而篇》。

31 齊國大夫慶克與聲孟子私通，混入宮中，被鮑牽見到，鮑牽被聲孟子砍去雙腳，鮑牽，為鮑莊子。事見成公十七年。

32 許冠三《劉知幾的實錄史學》八〈餘論〉，二〇九頁。

33 《論語．雍也篇》〈子見南子〉章。
34 《論語．陽貨篇》〈子之武城〉章。
35 呂思勉《史通評．惑經》。
36 如《春秋》經莊公元年「陳侯（陳莊公）林卒。」桓公十八年：「公（桓公）薨于齊。」
37 《論語．公冶長》篇。
38 《論語．學而》篇。
39 《論語．子罕》篇。
40 《論語．泰伯》篇。
41 《論語．述而》篇〈蓋有不知而作之者〉章。
42 類似的話又見於《史通．申左》篇。
43 《左傳．成公二年》。
44 《論語．子路》篇。
45 《論語．雍也》篇。
46 《史記．仲尼弟子傳》。
47 《論語．子路》篇。
48 《論語．八佾》篇。
49 《後漢書．孔融傳》。

50 《論語・雍也》篇〈宰我問曰〉章。

51 《孟子・盡心》篇下。

52 《論語・子路》篇。

53 本論文所引《史通》文字，皆據新點校的浦起龍《史通通釋》本，原中國上海古籍出版社，臺北里仁，華世影印本。

（按本論文初稿最初在一九八八年七月十七日發表於香港珠海大學主辦之「羅香林教授逝世十周年紀念國際學術研究會」其後修訂發表於台灣師大《中國學術年刊十期，一九八九年二月。）

第五章　劉知幾的多元民族觀

一、被遏抑的文明——東方遊牧民族

古代在中原的華夏族（原漢族）自以為是世界的中心，主宰者視四方民族如同野禽，他們所稱北方遊牧民族的「戎狄」都有自己的政權。東漢以後，這些遊牧民族或因降服歸順，或因被脅迫而逐漸內遷，受到漢族中央政權統治[1]，他們被稱為「五胡」[2]，成為漢族王朝及地方士族的重要兵源與勞動力。在三國、西晉時受到殘酷的剝削與欺凌。終於乘司馬氏兄弟鬩牆之際，而紛紛起來反抗。所謂「五胡亂華」，於焉開始。

舉一重要的例子，晉惠帝太安年間（三〇二～三〇三年）并州（山西）飢荒、胡人流亡四散，并州刺史司馬騰乃捕抓成群的胡人，由軍隊押送到冀州（河北）賣給豪族當奴隸，兩胡人一枷，迢迢數千里，羯族人石勒即在奴隸隊伍中，後來賣給茌平人師懽，石勒乃乘機結合其他奴隸成為群盜，再投靠匈奴族劉元海，後成為北方的霸主[3]。

數千年來，居中原的漢族以惡毒的詞彙來形容包括這些遊牧性的諸異民族。認為他們是野獸，「戎狄豺狼，不可厭也。」[4]的確，他們居住在草原沙漠的惡劣環境，為求族群生存具有相當的掠奪性、侵略性，而西晉時的五胡政權，確實也極其凶暴、殺戮之能事，在漢人漢籍史料中留下惡名昭彰的形象。然而漢人既以他們為沒有文化的野蠻人，那麼以大軍征伐、屠殺，亦視為當然。尤其以農業社會稠密人口所擁有的雄厚的持久戰力，馬上的牧羊人，終成為被征服的牲畜。猶如湯恩比（Arnold Toynbee）所說的「人形牲畜」（human flocks and herds），而他們的文化就是「被遏抑的文明」[5]。

湯恩比指出：

> 終久而言，農業民族無休無止的壓迫，較之遊牧蠻族飆風驟雨的攻擊，可能更使受害者感到痛苦。蒙古人的侵犯，兩三個世代之後即已結束，然而作為報復行動的俄羅斯殖民攻勢，卻進行了四百年以上……像俄羅斯這樣的農業強權，實無異於推土機與碎石機……恣意將遊牧民族壓塑成型。在它的魔掌之中，遊牧民族不是碎成粉末，無復存在；便是軋入定居生活的模型中，苟延殘喘，而這滲透的過程，經常並不是一種和平的歷程[6]。

在中國，基本上也是這樣的模式[7]。遊牧民族在歷史上所吹起一卷卷的風雲，皆終歸於風消雲散。還未被輾成齏粉的頑石，大抵都是傳世漢籍歷史中的反面人物。

二、唐王朝統治者目中的「戎狄」

從西晉亡（三一六年）到隋朝兼併南北（五八九年），約兩個半世紀，雖政權林立，兵禍相結，同時也是史學的黃金時代。主要是多元的權力結構，建立了多元的歷史觀，和各民族的主體歷史。十六國[8]，都撰有自己主體性的國史，約三十種[9]，絕大多是非漢族政權所敕修的，可惜一種也沒有流傳下來。唯一的例外是漢人不得不承認為有重要地位的鮮卑族的拓跋魏的《魏書》，它是以北魏為主體性所編寫的歷史。至於漢人的政權，兩晉、南朝的重要史料，大抵都能傳世，後世只能透過這些史料去看與他敵對的胡人世界，自然是極端的仇恨，找不出真實的歷史。由此可見，異民族在中國歷史上是沒有發言權的，即使建立了政權、國家，他們的思想與史觀，後世也很難聽到他們的聲音。我們期待著大一統的唐朝，漢族、鮮卑族混血的李家皇室[10]，或能有比較開闊的民族觀。然而因漢族父權王朝，依然需要華夏血統與文化的優越論來維持正統合法的統治，而且北方與遊牧民族對峙的關係仍然存在，尤其李唐更不斷對外擴張，民族之間更是緊張。太宗李世民縱使有懷柔之心，但以武力鎮壓才是唐王朝的上策。

貞觀四年，李靖大軍擊敗突厥頡利，其部落多南來歸降，太宗召議安邊之策，中書令溫彥博議以河南地收容，一則以實空虛之地，二則以示無猜之心。而祕書監魏徵則稱「陛下以其為降，不能誅滅，即宜遣發河北，居其舊土。匈奴人面獸心，非我族類，強必寇盜，弱則卑伏，不顧恩義，其天性也。……心腹之疾，將為後患，尤不可河南處也。」給事中杜楚客亦言：「北狄人面獸心，難以德懷，易以威服。」後來涼州都督李大亮又上疏：「化中國以信，馭夷狄以權。」群臣多主張高壓，反對懷柔，雖然太宗原先同意溫彥博之議，但後來因受突厥降將的襲擊，而後悔不用魏徵之言[11]。

三、唐史官的「戎狄豺狼」觀

這是千百年的中華帝國與四方異民族矛盾所顯現的不安與不信任感，即使是「夷狄」一方表面上已降服。統治者的敵意，仍未消失。

朝廷大臣從政治上的利害關係來看異族是如此的敵意，史館中的史官也許能從歷史文化的角度來看，他們又如何呢？

從來居中原（中國）的王朝，都認為奄有天下（世界）囊括四海，其統治者天子為帝王，境外之國為藩屬，天下沒有可以與天子等齊之國。

太宗下令史臣編修的《晉書》，以〈四夷傳〉一卷來寫邊區（中原之外）介乎服與不服的國家，種族的卑視依舊。史臣曰：「蹈仁義者為中宇，肆凶獷者為外夷，……夷狄之徒，名教所絕，闚邊候隙，自古為患。」[12]包括東夷的夫餘國、馬韓……南蠻的林邑、扶南和北狄的匈奴，其國國王不稱偽，承認其為中央天子的藩屬。另外，以三十卷的篇幅來記錄一百三十六年間遊牧民族在中原建立的十幾個國家，以新的體裁的〈載記〉，把各國的君主一一的列入，以個人的身分，記述其事跡，向來，中原（中國）並非戎狄之地，夷狄之君，根本不承認他們是國君，不承認其統治範圍是國家。凡是文中有稱王稱帝，或追加謚號，皆加「僭」、「偽」字。以個人為主體的紀傳記，卻處處是涉及出身種族的謾罵。〈載記〉的序文稱這些民族為「異類」、「同乎禽獸」[13]，在諸篇後的「史臣曰」更頗多穢言。如「彼戎狄者，人面獸心，見利則棄君親，臨財則忘仁義者也。」[14]又如「窮凶騁暴，戎狄之舉也」、「石勒出自羌渠，見奇醜類」、「季龍心味德義，幼而輕險，假豹姿於羊質，騁梟心於狼性」[15]、「赤縣成蛇豕之墟，紫宸遷圭黽黽之穴」[16]。幾乎傾其詈罵禽獸的用語，來作種族的攻擊。

同時間李延壽私修的《北史》，有所修正，終於承認拓拔魏及北齊、北周與南朝宋、齊、梁、陳（《南史》）同為正統，而以「僭為附庸」列傳，來分述赫連夏、慕容燕、姚秦……諸國，以國名為綱，與《晉書》以個人身分出現不同，雖是僭偽，不承認其為正式的國家與國君（指屬國），但算是以「政治實體」視之。至於高麗、百濟、西域的鄯善、且末……等國，才是藩國。大抵來說，李延壽的民族觀有一些進步[17]。

四、劉知幾對異族政權的基本態度

唐初史臣對異族的見識，與一千年前的「戎狄豺狼」觀，並無軒輊。再看看大史家劉知幾（六六一～七二一年）的看法，又如何呢？

首先對於華夏與夷狄的正偽之原則，是不給予改變的，《史通》稱「偏隅僭國，夷狄偽朝」[18]，又「龜鼎南遷，江左為禮樂之鄉……其於中國，則不然，……先王桑梓，翦為蠻貊，被髮左衽，充牣神州。……彥鸞，修偽國諸史。」[19]很明顯以漢人政權為正統，至於中國（指中原）已淪為夷狄所統治，所以崔鴻（字彥鸞）的《十六國春秋》，自然是「偽國諸史」又或稱為「偽史」[20]。

劉知幾很重視自己劉家的世系，推考係陸終苗裔，不是堯之後世，那麼應該是南方苗蠻族之後，而不是華夏族[21]，時間久遠，當然我們看不出他對苗蠻楚國有什麼特別的感情，不過值得注意的是現存劉知幾的著作中，除了引《左傳》「戎實豺狼」，「非我族類」二句外，還找不到有類似《晉書・載記》一樣的對異民族及其民族性的極端醜化之處。相反，他還反對用「盜賊」之名，來形容胡人的政權[22]。

劉知幾生性耿直，辭鋒凌厲，如在〈浮詞〉篇罵無恤為「鯨鯢是儔，犬豕不若。」在〈曲筆〉篇罵陳壽「雖肆諸市朝，投畀豺虎可也。」以這樣的脾氣卻沒有攻訐夷狄之亂華，寧非怪事？只是他在《史通》中到處批判魏收的《魏書》，魏收漢裔胡人，生於北魏，北齊時撰《魏書》，以拓跋魏為正統，稱南方王朝及宋、蕭諸帝為島夷[23]。劉知幾之所以批魏，主要在於《魏書》有違直書寫錄的精神，他在《史通・採撰》篇稱：

> 魏收黨附北朝，尤苦南國，……馬叡出於牛金，劉駿上淫路氏，可謂助桀為虐，幸人之災。

所謂「尤苦南國」，就是指下文兩事引自南朝沈約的《晉書》，而沈約《晉書》的史料不確實，因此同時也罵「沈氏著書，好誣先代。」[24]

劉知幾以為魏收「諂齊則輕抑關右，黨魏則深誣江外。」乃是因「愛憎出於方寸，與奪由其筆端。」[25]劉知幾對於魏收與《魏書》應該沒有種族上的偏見，他最欣賞的宋孝王的《關東風俗傳》和王劭《齊志》[26]，兩人兩書亦皆出於北齊。

當然，從現在來看，劉知幾指責南朝漢人史官，對北方異族王朝的誣衊，著墨猶不夠多。然而劉知幾既以漢人王朝為正統，要求如現代的種族平等立場是不可能的。畢竟他抨擊了晉臣以五胡「比諸群盜」，也反對王隱《晉書》的〈索虜傳〉[27]，已是有所突破的。

五、劉知幾時空「遠近無隔」的民族史料學

劉知幾對史學最大的貢獻，在於主張「不掩惡、不虛美」[28]、「善惡必書」[29]的實錄精神[30]。

在這樣的基礎下，他必須在一定的時空內，把活動於其間的各民族史料公平的處理。這就是他在〈煩省〉篇所說的原則：

> 夷夏必聞，遠近無隔。

《古今正史》是七世紀前，傳世最完整的漢文史學史，從遠古寫到唐初。其中最重要的是魏晉南北朝的史學著述。以數字計算，劉知幾約以三百字寫兩晉史書，以七百字寫南朝史書，這是漢人的政權的修史；所以八百字來寫十六國的史書，以七百字來寫北魏，以三百字

來寫北齊北周，這主要是遊牧民族政權的修史。

值得注意的是「十六國」這一百三十多年間黃河流域最動亂的時代，也是唐史官認為是蟲獸橫行的野蠻時代，劉知幾卻以最多的文字來敘述當時各民族國家官方熱烈修書及因戰亂史書亡佚的經過，他大概提出二十六種的史書，其中有完整的作者、書名、卷數，有的只有作者，或卷數，甚或不知書名。著名的著作有漢劉聰命公師彧修《漢史》（三一一年），後趙石勒命佐明楷等撰《上黨國記》、傅彪等撰《大將軍起居注》、石泰等撰《大單于志》（三一九年）、前趙劉曜命和苞撰《漢、趙記》（三二八年）……等等[31]，當時北方各民族（阿爾泰語系）有自己的語言，卻沒有文字，史書皆用漢字書寫。（如同古朝鮮日本）但都是以各國各民族為主體性的歷史，可惜他們的歷史記憶，老早就消失了。

〈史官建置〉是史官制度史，也兼寫修史經過。有近一半的篇幅在陳述「偏隅僭國、夷狄偽朝」、「元魏」、「高齊及周」，這些胡人政權，也有可觀的文化事業，劉知幾稱：「偏隅僭國，夷狄偽朝，求其史官，亦有可言者。」他把三國時的蜀漢、和劉聰的漢、前涼、蜀李、西涼、南涼、前趙、後燕並列，可見是夷夏並列、並重的[32]。他的史學分類主要是正統的考量，而非是種族的成見。而史料的擷取，主要是全方位的考量，尤其對容易被忽略，容易亡佚的史料，格外的重視，因此〈古今正史〉，及〈史官建置〉特別詳加介紹「夷狄」的部分。還有他亦特別重視邊遠民族地區史才的敘述：

十室之邑，必有忠信，欲求不朽，弘之在人。交阯遠居南裔，越裳之俗也；敦煌僻處西域，昆戎之鄉也；求諸人物，自古闕載。蓋由地居下國，路絕上京，史官注記，所不能及也。既而士燮著錄，劉昞裁書，則磊落英才，粲然盈矚矣[33]。

按士燮，交阯人治《左氏春秋》，《三國志．吳志》有傳。劉昞北涼人，著《敦煌實錄》《魏書》有傳。

六、「夷夏必聞」的多元主權論

史料夷夏並重，是整個歷史發展中我族與他族的關係實錄，他個人的主張是如此，對過去史籍的詮釋也是如此：

「彼《春秋》之所記也，二百四十年行事，夷夏之國盡書[34]。」

「夫《春秋》者，……中國外夷，同年共世，莫不備載其事……此其所以為長也[35]。」

「春秋之時，……經書『某使來聘，某君來朝』者，蓋明和好所通……此皆國之大事，不可闕如。……呼韓入侍，肅慎來庭，如此之流，書之可也[36]。」

東晉史家孫盛，稱《左傳》記吳、楚與荀悅《漢記》記匈奴的史事簡略，是因兩書「賤夷狄，貴諸夏」。劉知幾以為不然。春秋各國錯峙，交通困難，而吳、楚距離魯國又遠，不能備載。何況《春秋》連駒支、長狄、葛盧、郯子等邊隅小國之瑣事都有記錄，怎麼會以夷狄的理由而不記一度想要角逐中原的重要國家吳楚呢？而《漢記》是取材於班固《漢書》，其標準是「中外一概，夷夏皆均」，最後劉知幾以常用的嚴厲口氣，指責「（孫）盛既疑丘明之擯吳、楚，遂誣仲豫（荀悅）之抑匈奴，可謂強奏庸音，持為足曲者也」[37]。

他反對「賤夷狄，貴諸夏」的史料思想，實則是就實錄直書的思想而來。他雖認為異民族政權，不是正統，卻實際有存在主權，認為「實同王者」。

金行（晉朝）版蕩，戎、羯稱制，各有國家，實同王者。晉世臣子黨附君親，嫉彼亂華，比諸群盜，此皆苟徇私忿，忘夫至公。自非坦懷愛憎，無以定其得失。至蕭方等始存諸國名謚，僭帝者皆稱之以王。此則趙猶人君，加以主號，杞用夷禮，貶同子爵。變通其理，事在合宜，小道可見，見於蕭氏矣[38]。

自五胡稱制，四海殊宅，江左既承正朔，斥彼魏胡、故氏、羌有錄，索虜成傳。魏本出於雜種，竊亦自號真君。其史黨附本朝，思欲凌駕前作，遂乃南籠典午，北吞諸偽，比於群盜，盡入傳中[39]。

這是嚴正批擊東晉、南朝史官，編本國本朝歷史，卻把北方遊牧民族諸國及拓跋魏等國家，收入南朝國史中，並以形同盜賊的地位的傳記來記述。今可見的其時史書，沈約《宋書》的後面有收入北魏的〈索虜傳〉，有記略陽清水氐、楊氏和盧水胡、大且渠蒙遊的〈氐胡傳〉。其傳序與〈二凶傳〉（劉劭、劉濬）相鄰，即指叛逆盜賊。又東晉干寶的《晉紀》，已佚。其〈總論〉稱：「賊劉曜入京都，百官失守」（見《文選》），這都是極主觀的情緒化語言。事實上，他們都是歷史上存在過的獨立政權，誰也不能抹殺他們。劉知幾稱北魏的口氣，有些輕慢，但卻正是替北魏說話，公然的反對偏袒典午司馬家。他有些「正言若反」，似乎是他自己說過「曩賢精鑑，已有先覺。而拘於禮法，限於師訓，雖口不能言，而心知其不可者，蓋亦多矣。」[40] 劉知幾在此，也許正是這樣的心境。

他認為這些國家雖是僭偽，但史書上的國號、謚號、王號皆可保留。如趙武靈王學胡人騎射，杞伯用夷禮，雖被貶斥，而無損於其為君主。所以他認為蕭方等的《三十國春秋》保存了實際上的史實，而對他高度的贊揚。

他超越了狹隘偏見形式上的正統主權論，和一元主體論，他超越了「嚴夷夏之防」，給予歷史上存在的少數民族政權、弱勢文化政權有基本之獨立的歷史地位，這即是多元主權論。

當有晉元、明之時，中原秦、趙之代，元氏膜拜稽首，自同臣妾，而反列之於傳，何厚顏之甚邪！又張、李諸姓，據有涼、蜀，其於魏也，校年則前後不接，論地則參商有殊，何預魏氏而橫加編載？[41]

此處則反過來又指責北朝魏收撰的《魏書》，當西晉初，有氐苻、羌姚和匈奴劉、羯石等各民族政權時，拓跋氏力量還很卑微。而且涼州張寔，蜀李雄等國家，在時間空間上都與拓跋魏並無瓜葛重疊，怎麼這些國家、政權，會被收編進入《魏書》呢？

不分南北，無論夷夏，多元的獨立的國家主權論，是劉知幾的民族觀的基礎，這也是超時代的突破。

此外，他為追求實錄，訂正了許多不實的史料，其中不少精力是用諸北方諸民族的問題。如他認為南齊臧榮緒《晉書》所稱：「苻堅之竊號，雖疆宇狹於石虎。」他指陳後趙石虎時，張氏的瓜、涼（前涼），李氏的巴、蜀（成・漢），慕容氏的遼西（前燕），等地都是獨立的政權，但後來皆被前秦苻堅所滅。苻堅土地是「禹貢九州，實得其八。」稱臧氏「識事未精，不知量也。」[42]指臧書稱苻堅土地小於石虎之不當。

結語

遊牧民族與農業民族之對抗，是漫長而殘酷。其過程是在邊界對立的形成是：南征、北伐——短兵決鬥——統治與被統治——同化與融合——新對立的形成。這不斷周而復始，一直到最後一波遊牧民族消失為止。

魏晉是進入決鬥到統治與被統治之間的階段，其同化與融合是空前的激盪。李唐一統天下，但內部同化未成，而外來的新對立又形成，政治上不能超過夷夏之防，依舊是諸夏的一元種族主義。史官受政治的束縛，難有前瞻性的觀點，只有工作受壓抑，心懷苦悶的劉知幾，在《史通》論述中，提出較開闊的民族觀，主張歷史上異民族政權，要給予實質的定位，即歷史應存在著多元的主體政權。這對一元的中央封建思想，有相當大的衝擊。唐代畢竟是胡漢混血的社會，比較有可能培養多元文化的社會環境。研究唐代劉知幾的多元民族觀，對於華夏民族與東方文化的未來，也許能提供多元省思的空間。

現代的中國人，尤其華北人、華中人，是在隋唐後，又歷經遼、金、元的大混血，他們擁有胡人的血，只有比隋唐人更多，可是卻始終只認同華夏、大漢的文化與世系，根本不認為他們亦是戎狄的子孫，何嘗從歷史教訓中得到多元的寬容。來到臺灣的國民黨政權向來的教育都是灌輸大華夏沙文主義，歷史上的遊牧民族都是野蠻民族，都是侵略者。我願以史學家湯恩比作結語：

> 遊牧民族的垂死吶喊，卻很少能為人聽到。
>
> 從十七世紀以降，莫斯科帝國與滿清帝國，這兩個定居國家各從不同的角落，將觸角伸向歐亞大草原時，遊牧體制的命運便已經注定了[43]。

這就是維吾爾、哈薩克等突厥語族與西藏族最後一波被吞併的遊牧民族了。今天，原蘇聯的哈薩克等中亞草原諸國已經復國，但中國境內的維吾爾、圖博（西藏），他們發自歐亞大陸深處的呻吟聲，還在喚起世人的注目。

註釋

1 唐長孺〈晉代北境各族變亂的性質及五胡政權在中國的統治〉，《魏晉南北朝史論叢》，一二七～一九二頁。

2 按五胡，包括遊牧性的鮮卑、匈奴、羯族和羌族，前三族為阿爾泰語系民族，羌族為藏語族，還有非遊牧的氐族，為苗瑤語族（一說藏語族）。

3 石勒為後趙高祖。事見《晉書》卷一〇四〈石勒載記〉上。新校本，鼎文版，四冊，二七〇頁。

4 《左傳》閔公元年，管仲語，按豸、蟲偏旁的種族名，皆為禽獸。

5 湯恩比《歷史研究》，第十五章，〈被遏抑的文明〉，陳曉林譯本，桂冠，三六六頁。

6 同前，三七六頁。

7 比較例外的是滿清持久的統治，但十五世紀女真族並非全為遊牧民族，而其所以能建立超穩定的結構，是與漢族士紳與地主共治天下。

8 在北魏併吞北方之前一三〇年間，不止有十六國。「十六國」一詞，係依崔鴻撰《十六國春秋》而來。

9 見金毓黻《中國史學史》四章。王仲犖《魏晉南北朝史》，見八九二頁。按南朝梁蕭方等編《三十國春秋》已佚。清代湯球集佚文有《三十國春秋輯本》一卷（百部叢書）及《叢書集成初編》沒有學術價值。

10 李淵之母元貞后獨孤氏，李世民之后文德皇后長孫氏，皆鮮卑人。

11 見《貞觀政要》卷九〈議安邊〉。新校本四二八頁。《舊唐書》卷一九四上〈突厥傳〉上，六冊，五一六二頁。

12 《晉書》卷九十四，四冊，二五五〇頁。

13 《晉書》卷一百一，四冊，二六四四頁。

14 《晉書》卷一百三，〈劉曜載記〉，二七〇二頁。

15 《晉書》卷一百七，〈石季龍載記〉下，二七九八頁。石虎，字季龍。

16 《晉書》卷一百十五〈苻登載記〉二九五五頁。

17 按《北史》卷九十三為〈僭偽附庸列傳〉。卷九十四至九十九為〈外國傳〉。又南朝所編史書皆不承認北魏，如梁武帝敕編《通史》五胡及拓跋魏皆入〈夷狄傳〉。《史通》〈六家〉一八頁。

18 《史通》〈史官建置篇〉，華世，《史通釋評》本。三五八頁。按該本取浦起龍《史通通釋》（王煦華點校）與呂思勉〈史通評〉相湊成書，與「王點校本」頁碼不同。因慣用此併湊本，姑用此書頁碼。

19 《史通》〈言語〉一七九頁。

20 《史通》〈古今正史〉：〈偽史十六國書〉，四〇八頁。

21 劉知幾撰〈劉氏家史〉及〈譜考〉。見《新唐書》卷一三二、六冊，四五二〇頁。按陸終是祝融之子（《漢書》〈古今人表〉），是南方苗蠻及楚國的始祖。

22 《史通．惑經》批評《春秋》：「所未諭四」，評魯哀與吳盟，不書，乃因以吳夷為恥。魯桓與戎盟則書。劉知幾認為前者也可以書；而後者「戎實豺狼」（《左》閔元年），「非我族類」（成四年），也可以不書。主要在評《春秋》書與不書沒有標準，而非目的在於攻擊戎狄。又〈稱謂〉反對晉臣視胡人為「群盜」，一二九頁。

23 《史通》〈稱謂〉：「魏書……以司馬氏為僭晉，桓、劉以下通曰島夷。」一三〇頁。

24《史通》〈採撰〉，一三八頁。稱司馬叡為晉將牛金之子。宋孝武帝劉駿與母路氏私通。
25《史通》〈稱謂〉，一三〇頁。魏收為北齊人，所以護北齊而抑北周（關右）。
26《史通》〈直書〉，二三八頁。亦分見他篇。
27《史通》〈稱謂〉，一二九～一三〇頁。按晉臣所作，不知何書，亦可能包括王隱《晉書》。
28《史通》〈雜說〉下，六三七頁。〈載文〉，一四七頁。
29《史通》〈惑經〉，四八八頁。
30參見拙作〈劉知幾實錄史學與孔子思想的關係之研究〉。師大《中國學術年刊》十期。一九八九年二月。
31《史通》〈古今正史〉，四一六頁。及《晉書・石勒載記》
32《史通》〈史官建置〉，三五八頁。
33《史通》〈雜說〉下，六二九頁。
34《史通》〈通志〉，八〇頁。
35《史通》〈二體〉，三五頁。
36《史通》〈書事〉，二七一頁。
37《史通》〈採牘〉，二四八頁。
38《史通》〈稱謂〉，一二九頁。
39《史通》〈斷限〉，一一六頁。

40 《史通》〈疑古〉，四五四頁。
41 《史通》〈斷限〉，一一六頁。
42 《史通》〈雜說〉中，五八六頁。
43 《史通》〈語言〉，一七八頁。
44 《歷史研究》，三七六頁。

（本文刊於唐代學會會刊第三期，一九九二年一〇月）

第六章　劉知幾的實錄言語觀

一、言與文辨義的不明

劉知幾的《史通》主要是一部如何撰寫史書的作品。劉氏依自己的思維來構造這本有關史學法度的文字，其實就是利用他自己的語言符號（verbal symbol），以達成他所求的效果。

一般語言的表達，常會透過文字來做為媒介，然而對文字的形式刻意的改造，則亦會有脫離言語的現象。因此語言就兼有言語（speech）與文字的雙重內涵。

漢文化傳統的史書，在上古分為「記事」與「記言」二種，其代表作是「言為尚書，事為春秋」[1]。「事」是記敘被記敘者的行事、作為的經過。

劉知幾基本上認為記「事」是歷史記錄的核心，「事」可以包含「言」，在〈敘事〉篇稱：「史之稱美者，以敘事為先。」且引子夏：「《書》之論事也，昭昭然若日月之代明」，又引揚雄《方言》：「說事者莫辨乎《書》」，就把「記言」的《尚書》視為「記事」了。同時在講到「敘事之體，其別有四」，其第三則為「因言語而可知者」，可知劉知幾是把「事」置於「言」之上。

現在再探討劉知幾所謂「言語」或「言」的含義是什麼？就〈言語〉篇來看，該篇論述史書中有關人物的口語，對白，這些口語，對白叫言語，這是很正確的。「言語」又簡稱為「言」，如〈言語〉：「戰國已前，言皆可諷詠」；可是從《史通》全書來看，劉知幾的「言」又時常與「文」相混，如〈敘事〉：「故《史》《漢》之文，當乎《尚書》《春秋》之世，則其言淺俗。」這也許我們可以解釋為因行文對立而權宜的措辭，但事實恐非如此，在《史通》的另兩篇〈載言〉與〈載文〉所說的「言」與「文」是相混淆的。顧名思義，〈載言〉應是說史書引用言語的問題，〈載文〉則是史書引用文辭、辭章的問題。然而〈載言〉卻是指《史記》、《漢書》中賈誼、晁錯、董仲舒、東方朔傳記中，把詰人的「文辭入記、繁富為多。」如《史》、《漢》的〈賈誼傳〉中，引用賈誼的〈離騷賦〉、〈鵩鳥賦〉……等文解，這些作品可說是賈誼的語言，但劉知幾則稱「文辭」，所以〈載言〉亦為〈載文〉。

另外〈載文〉稱魏晉以下的「詞賦」，「訛謬雷同」。所謂「詞賦」實猶賈誼的詞賦，但以下說「其失有五」所引的題材，如「禪書」、「讓表」、「誥誓」、「移檄」，又如《尚書》

的題材，那麼該算是「記言」了。而且下文又稱：「天子無戲言，苟言之有失，則取尤天下。故漢光武謂龐萌『可以託六尺之孤』。及聞其叛也，乃謝百官曰：『諸君得無笑朕乎？』是知褒貶之言，哲王所慎。」這些明明都是「言」，奈何稱之為〈載文〉？觀〈載言〉〈載文〉之題，知「言」「文」有別，而卻混為一談，甚至於張冠李戴。劉知幾在這兩篇全力的提出另設「書」體[2]或批判「虛實」「隱惡」之際，並沒有思考到討論的對象是什麼。

二、言語的歷史功能

劉知幾在擴大解釋「言」的時候，其範圍並沒釐清他談到「言語」或「言」的自白，都是在闡發其「實錄直書」的精神，不可能有現代語言符號可以兼言語與文辭的觀念。因此他對「言語」的功能的看法是實用性的泛道德主義。

不過劉知幾的言語功能的理念，主要還是對先秦兩漢以至於唐初文史觀的繼承，如影響劉知幾最深的王充，強調文章要「不妄作」、「定善惡」。

> 夫賢聖之興文也，起事不空為，因因不妄作。[3]
>
> 極筆墨之力，定善惡之實。[4]

唐王朝取代了楊隋，兼併各族，建立了一個政治、文化較為嶄新的大帝國，建國之初，為著記取南北朝，楊廣諸亡國之君的教訓，嚴禁淫放的生活與文風。高祖時，令狐德棻，為「貽鑒今古」建議修史，高祖乃令蕭王禹等人修《六代史》[5]。詔令說：

經典序言，史官紀事，考論得失，究盡變通，所以裁成義類，懲惡勸善，多識前古，貽鑒將來。[6]

唐初實際的掌權者李世民認為，統治者「峻宇雕牆，窮侈極麗……覆亡顛沛，不亦宜乎。」因此他主張：

故觀文教於六經，閱武功於七德，……皆節之於中和，不繫之於淫放。……釋實求華，以人從欲，亂於大道，君子恥之。」[7]

在「懲惡勸善」求「實」棄「華」的歷史與文化環境下，那麼劉知幾對言語、文字的態度，很難超越這個時代，尤其又是一個有職業使命感的史家。他在《史通・載文》說：

> 夫觀乎人文，以化成天下，觀乎國風，以察興亡。是知文之為用，遠矣大矣。若乃宣、僖善政，其美載於《周詩》；懷襄不道，其惡存乎楚賦；讀者不以吉甫、奚斯為諂，屈平、宋玉為謗者，何也？蓋不虛美，不隱惡故也。是則文之將史，其流一焉。

像劉知幾這樣一生皆追求「實錄直書」的理想，《周詩》讚美周宣王、僖王，及《楚辭》譏諷楚懷王、襄王，目的是「善惡必書」的，他的確對於「綜輯辭采」、「錯比文華」、「事出於沈思，義歸乎翰藻」[8]的文字是不感興趣的，而對言語的功能還是很重視。〈言語〉開宗明義：

> 蓋樞機之發，榮辱之主，言之不文，行之不遠，則知飾詞專對，古之所重也。

這是引用《易・繫辭上》的文句而加以轉化的，強調言語的重要，關係著人的榮辱，言語若沒有文采得當，「行事就不能久遠」。

三、實錄言語的時空觀念

劉氏既認為言語、文字是用以真實的來書寫史傳的工具，因此對於文辭他反對「浮詞」[10]，主張「尚簡」[11]，尤其反對以「文筆」來兼「史筆」，即反對以誇張的文筆，來寫史書[12]。這些非本文討論的主題。最重要的是他基於根深蒂固的「實錄」思想，不得不認真的去思考人的言語，在不同時空中必然有不同的現象，這是《史通·言語》篇基本架構之精神所在。現在以時間和空間作為座標，比較全面的分析以〈言語〉篇為主的實錄言語的基本觀念：

（一）肯定古今的異語

> 天地長久，風俗無恒，後之視今，亦猶今之觀昔。而作者皆怯書今語，勇效昔言，不其惑乎？

古今是相對的，在時間無限展延的條件下，所謂的「今」將成為「古」，唯有肯定「今」，真實的反映「今」，才是實錄。從先秦起受到諸子「託古改創」與儒家「信而好古」[13]的影響，哲學、文學皆瀰漫著貴古賤今，摹擬主義的思想，以致形式主義的唯美文學、辭章，基本上成為兩漢到魏晉南北朝宮廷文壇的主流。這當中有兩人反對因襲，反對貴古賤今，一即是王充，他說：

> 俗好珍古不貴今，謂今之文不如古書[14]。夫古今一也，才有高下，言有是非，不論善惡而徒貴古，是謂古人賢今人也。

同時王充又倡言淺白的口語，與優雅的文章：

> 口則務在明言，筆則務在露文，……夫文由語也，或淺露分別，或深迂優雅。……」[15]

另一人，則為亦受王充影響的葛洪。他更深刻的陳述貴古賤今的荒謬。

> 且古書之多隱，未必昔人故欲難曉，或世異語變，或方言不同，經荒歷亂，埋藏積久，簡編朽絕，亡失者多，或雜續殘缺，或脫去章句，是以難知，似若至深耳。且夫《尚書》者，政事之集也。然未若近代之優文詔策，軍書奏議之清富贍麗也。……時移世改，理自然也。[16]

王充、葛洪兩人實為劉知幾的先驅。然而到南朝，君主所好，臣必趨焉，淫麗、仿古之文風，變本加厲。

降及梁朝，其流彌盛，蓋由時主儒雅，篤好文章，故才秀之士，煥乎俱集，於時武帝每所臨幸，輒命群臣賦詩，其文之善者賜以金帛。吳均……沈約嘗見均文，頗相稱賞……均文體清拔，有古氣，好事者或學之，謂為吳均體。」[17]

吳均是梁朝的名士，以與魏收並列，俱稱為「小人之史也」[18]。到了唐初，雖有新氣象，文人的論述歌詠，仍是駢儷奇豔的齊梁餘風[19]。不要說唐初史官所作六史，連劉知幾《史通》猶是四六對仗的駢文。

當然劉知幾強調的是「言語」而不是「文辭」，他亦認為言語因時而異，而「上古之世，人惟樸略，言語難曉，訓釋方通」云云，實是見解精闢。

至於各地語音不同，是古代多元民族多語族群的自然的現象。即使是華夏（漢）族的語音，亦多為南轅北轍，互不相通的。揚雄《方言》已收集了不少各地不同言語與詞彙。顏之推《家訓》有〈音辭〉篇，陳述「九州之人，言學不同」的言音差異現象。他後來與陸法言等，編了一本綜合各地語音的《切韻》。可見在劉知幾之前，比較語言學的知識已若干的積累。而劉氏進一步主張把異地的民間語音、俗語以及異民族語音，取入史書，別是一番的卓識。

（二）肯定各地的異語

劉知幾在《史通》中最推崇的史書是王劭的《齊志》，其次為宋孝王的《關東風俗傳》，《史通．言語》論稱：

> 唯王、宋著書，敘元（拓跋魏），高（北齊高氏）時事，抗詞正筆，務存直道，方言世語，由此畢彰。而今之學者，皆尤二子以言多滓穢，語傷淺俗。

所謂，「抗詞」與「方言」，就是史書直筆實錄的精神，而其中「方言」才是最主要的。然唐初史官稱王劭通俗的言語為穢鄙言[20]，劉知幾很不滿，他在〈雜說中〉有較仔細的解說：

> 古往今來，名目各異。區分壤隔，稱謂不同。所以晉、楚方言，齊、魯俗語，六經諸

子，載之多矣，自漢以降，風俗屢遷，求諸史籍，差覩其事。或居臣之目，施諸朋友；或尊官之稱，屬諸君父。……亦有荊楚訓多為夥，廬江目橋為圯，南呼北人曰傖，西謂東胡曰虜。渠、們、底、箇，江左彼此之辭；乃、若、君、卿，中朝汝我之義。斯並因地而變，隨時而革，布在方冊，無假推尋，足以知甿俗之有殊，驗土風之不類。

舉實例說明言語，稱謂不僅因時而且因地而變化。「中國外夷，同年共世。」[21]但卻有完全不同的言語。當西晉滅亡，十六統治者為外表，言語與華夏不同，但記錄這個時代的史家如崔鴻撰《十六國春秋》，魏收《魏書》、牛弘《周書》，乃至唐初李百藥《北齊書》，令狐德棻的《周書》等，皆以文飾的漢語，取代真實異民族生活的語音。「遂使中國[22]數百年內，其俗無得而言。」劉知幾主張實錄言語的目的，是要從當時的言語、詞彙、稱謂去了解當時的社會文化背景。

是則時無遠近，事無巨細，必籍（藉）多聞以成博識，如今所謂者「若中州名漢、關右稱羌，易臣以奴，呼母云姊，主上有大家之號，師人致兒郎之說」凡如此例，其流甚多，必尋其本源，莫詳所出。聞諸《齊志》，則了然可知。由斯而言，（王）劭之所錄，其為弘益多矣。[23]

劉知幾還具體的以同時代的北周、北齊兩朝代來做比較，按北齊的高氏與宇文氏皆為操阿爾泰語的鮮卑族人，而劉氏以為王劭《齊志》用語很「淺俗」，但牛弘的《周史》就很「文雅」，記宇文泰這個粗人的言語，卻引經據典，套用《史》、《漢》。劉氏以為「非兩邦（北周、北齊）有夷夏之殊，由二史有虛實之異故。」[24]

劉知幾為史官，對唐初史官著述的政治環境極為不滿，對太宗敕修的前代諸朝六史亦頗多微辭，其中對這些撰修官中不能據實來反映非漢族統治時代的言語真相，提出嚴厲之批判。在《史通・雜說》中，甚至自注，摘錄不少史文來證明這些史籍作者的錯誤。

四、關於劉知幾三個言語問題的質疑

在討論劉知幾對言語的時、空二個基本觀念之後，我們獲得劉知幾對言語的看法，有不能自圓其說，或意猶未盡，或背後猶有潛在的問題。

（一）「自漢以下，無足觀焉」的問題

依劉知幾〈言語〉篇的意思，戰國以前多為有關言語的著作，《尚書》的訓、謨、誥、誓，《春秋》載各國外交官交往的應答，夾有當時風謠、俗諺、與工匠、士兵的歌謠。戰國

時代有縱橫家的馳說辯論。到漢代除了班固〈答賓戲〉、揚雄〈解嘲〉、「朱雲折檻以抗憤，張綱埋輪而獻直。……」之外，「自漢以下，無足觀焉。」

人類言語由簡而繁，典籍由語錄而論說，是中外之公例。然並不是說言語複雜以後，簡單的就消失；也不是說有論說文體後，語錄、對話就不存在。劉知幾舉漢以後的資料與先秦相比，取樣根本不同類，〈答賓戲〉〈解嘲〉，是杜撰對答的文體，本身並非言語。朱雲、張綱的對合，表示敢對抗強梁，只一兩句，實謂毫無特色。劉知幾引用漢代的這幾個例子，倒是在標榜「彰善貶惡，不避強禦」的「史之為務」[25]的精神，與「言語」並沒有危切的關係。如果說《左傳》中「鶉賁」「鸜鵒」童謠是「體質素美」，那麼我亦可說《漢書．五行志》中許多漢元、成帝時的童謠、歌謠，亦是「體質素美」，如〈邪徑敗良田〉[26]一首，可以說更能「溫潤」。又如先秦有蘇秦，張儀的辯說，那麼唯獨漢代就沒有？如《鹽鐵論》是一部析理入微的辯論集。由此可見，劉知幾的取材，是相當主觀的。

而且他既言「戰國以前，其言皆可諷詠」引童豎，……輿人之誦後，稱「斯皆芻詞鄙句，猶能溫潤若此，況乎束帶立朝之士，加以多聞博古之識者哉。」既然民間沒有修飾過的言語最為素美，為何又強調「束帶立朝」的貴族大夫會更好，豈非畫蛇添足。而且他既反對「追效昔人，示其稽古」可是卻稱贊「漢以下」的蕭衍用《詩經》對答。還說是「顛沛造次，不忘經籍。」

（二）華夷言語成見的問題

劉知幾認為不同時空的言語、史料是一樣重要的，因此古今與華夷的史料是同等重要的，即〈煩省〉所謂的：

> 夷夏必聞，遠近無隔。

因此他反對孫盛稱「《左氏春秋》書吳、楚則略，荀悅《漢紀》述匈奴則簡，蓋所以賤夷狄貴諸夏也。」而主「中外一概，夷夏皆均」[27]的實錄史料的原則。當然劉氏是處在一個視異民族為「異類」為「禽獸」的社會[28]，對異族有種族與文化的偏見是不難理解的，如〈言語〉稱「江左為禮樂之鄉，金陵實圖書之府」，稱「中國（中原）」則「先王桑梓，翦為蠻貊，被髮左衽，充牣神州。」

然而他對華、夷的言語，仍持強烈的位階，認為還是文明與野蠻的對立。既然他肯定《尚書》言語的「樸略」，及《左傳》中一些工匠、士兵的「芻詞鄙句」，卻仍以北朝異民族的語音為「楊由之聽雀，介葛之聞牛。」亦即他能欣賞上古時代早期最淳樸的言語，但卻不能對其他民族言語有同樣的對待。

不過整體而言，劉氏對異民族的態度，還是比較開闊的，多元的[29]。

（三）忽視司馬遷與葛洪的問題

劉知幾在《史通．自敘》篇，陳述漢代以來各具特色的名作，《法言》、《論衡》、《風俗通》、《人物志》、《典語》、《文心雕龍》，事實上，這些書的作者揚雄、王充……等，也是他所推崇景仰的人物。

其中王充應該是影響劉知幾最大的思想家。王充的《論衡》「疾虛妄」與《史通》的「實錄」史學，可謂一脈相傳。此外就史學思想的領域來看，與劉知幾價值理念最接近的，實為司馬遷，然而劉知幾心中，司馬遷可能還不及班固。司馬遷為申張歷史正義，而抨擊權貴，謳頌人民的這一部分，較少出現在《史通》之中，倒是違反劉知幾所認定的史書體例、體裁的部分，卻時時的出現在《史通》各篇之中。《史通》第一篇〈六家〉講到「史記家者」，便指出「其為體之失者」，「撰錄之煩者」。

回頭看〈言語〉篇，劉氏所追求的「溫潤」、「當世口語」、「從實而書」、「方言世語」、「侮嫚之詞，流俗鄙俚之說」無一不是《史記》的特色，〈言語〉篇在最後引了《史記．留侯世家》劉邦怒罵酈生：「豎儒，幾敗乃公事。」

史書中的言語、對話，如果是當場的記錄，那就是真正的實錄，但這可能很難。史官能就留下的資料、傳說，以是配合時代、身分的文字來撰寫，就是很好的歷史了。司馬遷二十歲起就不斷遊歷名山大川，深入各地田野調查，使他的資料，有無比的可靠性。《史記》人物中對話的真實、活潑、得體、兩千年史書以來無有出其右者。李長之說：「他寫的對話裡能看出年齡、性別、職業，以及處於一個什麼場合。」[30]這不就是「當世口語從實而書」嗎？

劉知幾〈言語〉稱「漢魏已降」的作品，似乎已經無書可以推荐了，何不舉《史記》的言語，以與「戰國以前」的《左傳》來比較呢？如果不是故意彰顯他情有獨鍾於《左傳》，而抹煞漢魏史籍，就是對司馬遷有所忽略。

劉知幾也十分肯定司馬遷的人格、作品。〈雜說下〉「蓋左丘明、司馬遷，君子之史也。」又「載筆立言，名流今古。如司馬遷《史記》，能成一家。」然而《史記》的許多卓越的思想與見識，在《史通》中並未充分的表達出來。或許司馬遷是接近今文經者。《史記》除引用《左傳》外，亦頗多稱述《公羊》思想。

此外，另一人葛洪，他是東方的大思想家，在《抱朴子·應嘲》稱：「著書者徒飾弄華藻，張磔迂闊，屬難驗無益之辭。」反對形式主義，而倡言：「古詩刺過失，故有益而貴，今詩純虛譽，故有損而賤也。」[31]的實用主義，並對司馬遷加以稱贊：「其評論也實原本於自然，其褒貶也皆準酌乎至理，不虛美，不隱惡，不雷同以偶俗。」[32]尤其是反對貴古賤今的語文思想，在〈鈞世〉篇發揮得淋漓盡致，上節已轉錄過。劉知幾的思想與此是前後相承的，然而《史通》引葛洪有八處，沒有一處能說到人家的核心。他的思想中葛洪是：

> 故立異端，喜造奇說，漢有劉向、晉有葛洪。

在劉知幾心目中，葛洪是一個講仙道、服金丹的道士而已，只見其小，而不見其大。做為一個歷史家，應該靈敏的、全面的吸收前人的精華和經驗。

註釋

1 《漢書．藝文志》：「古之王者，世有史官，君舉必書，所以慎言行，昭法式也。左史記言，右史記事，事為《春秋》，言為《尚書》。」《史通．載言》：「古者言為《尚書》，事為《春秋》，左右二史，分尸其職。」

2 以上見《史通．敘事》。所謂「敘事之體……有因言語而不知者」，如《尚書》周武王肇討紂王之罪，是用〈泰誓〉之辭：「焚炙忠良，刳剔孕婦。」

3 如另立「制冊書」、「章表書」來收容史書中君、臣的文章。

4 《論衡．對作》。

5 《論衡．佚文》。

6 《舊唐書・令狐德棻傳》
六代史為《北魏史》、《北周史》、《隋史》、《梁史》、《北齊史》、《陳史》。
7 《唐大詔令集》卷八十一〈命蕭方等修六代史詔〉。
8 《全唐詩》卷一〈帝京篇序〉。
9 蕭統《文選・序》。
10 《史通・浮詞》「翦截浮詞，撮其機要」。
11 《史通・敘事》。
12 參閱拙作〈史通通論〉中〈樸實的歷史文學觀〉，八三年六月，臺灣師大《國文學報》二十三期。
13 《論語・述而》：「述而不作，信而好古。」
14 《論衡・案書》。
15 《論衡・自紀》。
16 《抱朴子・鈞世》。
17 皆見《南史・文學傳》。
18 《史通・雜說下》。
19 唐太宗李世民嘗作宮體詩，令虞世南和作，世南諫止。見《全唐詩話》。
20 劉知幾稱當時人對王劭的批評，猶可見於今日史書，如李延壽《北史・王劭傳論》：「好詭怪之說，尚委曲之談，文辭鄙穢，體統繁雜。」

21《史通・二體》。

22「中國」一詞指黃河流域的中原地區，不是國名，唐代猶稱北方為中國。

23《史通・雜說中》。

24《史通・雜說下》。

25《史通・辨職》。

26《漢書・五行志中之上》「成帝時歌謠又曰：邪徑敗良田，讒口亂善人。桂樹華不實，黃爵巢其顛。故為人所羨，今為人所憐。」

27《史通・探賾》。

28 唐初史官編寫晉及北朝歷史多視北方阿爾泰語系民族為豺狼野獸，如《晉書・劉曜載記》：「彼戎狄者人面獸心。」

29 參見拙作〈劉知幾的多元民族觀〉《中國唐代學會會刊》第二期，一九九二年一〇月。本書第五章。

30 李長之《司馬遷的人格與風格》，二六五頁。

31《抱朴子・辭義》。

32《抱朴子・明本》。

（本文，見《第二屆唐代文化研討會論文集》東海大學一九九五年七月。又轉載於《唐代文學研究論著集成》八卷上、中國三秦出版社，二〇〇四年十月）

第七章　戰後史通研究述評

商、周之際，黃河流域的統治者，對文字的使用，已十分普遍。舉凡祭祀、征伐、占卜、農牧以及統治者的言行，多所記錄。這些資料的少部分，流傳於今日者，則有尚書與甲骨文；可知史官的建置及其所記的歷史記錄，已有三千年以上的歷史。

到春秋時代，諸侯各國都有撰寫本國的國史。孔子乃重新修訂《春秋》，以封建階級的森嚴禮教來褒貶歷史事件，此即所謂「微言大義」。從此歷史著述除了依舊是以統治者及其王朝為中心的歷史現象之記錄與觀察，又是反映封建禮教、統治秩序的規範與詮釋。任何政權都必須依賴歷史來鞏固其政權或證明其合法性。因此在一定時空間內，許許多多的政權都透過御用史官來修前朝，今朝或異政權之史，當然還有不同形式的史書，這些史書在古代圖書四部分類中，數量龐雜猥多。依《隋書．經籍志》的著錄，從先秦到隋代，一千多年間的史部書籍多達八一七部，有一三二六四卷，而我們想像可能很多的集部書才五五四部，六六二二卷。

對這些歷史著述經驗的總探討，則為唐代初年的史官劉知幾，他所著的《史通》，是中國曠古歷史學的巨構。

《史通》分內外篇，原書目有五十二篇，已佚〈體統〉、〈紕繆〉、〈弛張〉三篇，今存四十九篇，內篇有三十九篇（實存三十六），外篇有十三篇。內篇是論述史書的體裁、體例與取捨、編纂方法，主要偏重在史料學。外篇主要是論述史學源流與懷疑論，主要偏重方法學。劉知幾主要的貢獻是歸納了前史，而提出自己的分類與編纂的方法與原則。尤其是強調直筆實錄是歷史的任務，道德勇氣是史家的精神，皆是跨越千古的鴻論。

《史通》具有嚴厲的批判性思想，大膽的懷疑周孔聖人之言，揭發古代政治神話的騙局，以致被唐人稱「彈劾仲尼」（柳璨《史通析微》）、被宋人指責為「工訶古人」（《新唐書．劉知幾傳》），就是善於訶責古人。這一部著述，寂寞的到明代才有人當學術作品研究，但只是做校勘，與簡單的評釋；全面性的注釋，以清代浦起龍的《史通通釋》為第一本，此書引經據典、疏解文句，工夫匪淺，但常沒有版本的依據。進入中華民國，依然多傳統方式的校釋，而且多局部性的摘取文句，如陳漢章、楊明照，屬於史學性的考據與評論，則為呂思勉的「《史通評》」；至於對劉知幾其人研究最力的為傅振倫的「劉知幾年譜」（此書在臺灣文星書局翻印時改名《史通作者劉知幾》）。

正因為史通具有批判精神，一九四九年中國新政府成立，左派唯物史觀興起，《史通》

獲得兩位中國著名史家高度的肯定：白壽彝〈劉知幾的史學〉給予無神論，進步史學的評價。翦伯贊〈論劉知幾的史學〉論《史通》長處是「反天命而正人事」「黜堯舜而寬桀紂」「貶周公而恕管蔡」「恥模疑而倡創造」而短處則如「退陳涉而進劉玄」這是顛覆儒家傳統、倡言農民起義的觀點。

一九六八年文化大革命起，不料翦伯贊卻被批「歪曲農民革命」「美化和歌頌帝王將相」。夫婦被迫雙雙飲藥自殺。而《史通》的批孔，在其時適成為「批林批孔」的工具，劉知幾被視為「儒法鬥爭」的法家，真荒唐至極。白則忍辱渡過文革，晚年出齊了符合中國需要的千餘萬言的《中國通史》巨著，而且也承認「儒法鬥爭史的虛構」。

最值得注目的是翦、白二人，皆出身於穆斯林的維吾兒族與回族，顯然的他們一生的史學，全然沒有也不可能有本民族或穆斯林的主體意識，而且連劉知幾承認歷史、各民族國家並存的合法性觀念，亦闕如也。一千多年來時空，社會的變遷、差距，何其巨大，然而二十一世紀的中國知識份子的多元民族文化的思想，並未超越劉知幾，更何況中國又開始尊孔，利用孔子。

至於中國學術的專著，早期只有程千帆札記式的《史通箋記》。九十年代倒出了二本全文注釋的大書。一是張振珮的《史通箋注》，但箋注多抄自浦起龍的《通釋》，根本沒有重新查對原典。浦氏沒有注，亦多未注，只有「解題」尚有一些見解；一是趙呂甫的《史通新校注》，注的很簡略，常識性的資料卻常引一大堆，本文有問題，一樣多未解決，「說明」部分，可以參考。香港則有許冠三的《劉知幾的實錄史學》專就實錄精神深入分析，頗有見地，但文字嫌繁瑣。

臺灣研究《史通》的論文不多，專書更少，主要是有三篇碩士論文，文史哲出版社出版二篇，一是林時民的《劉知幾及其史通》，主要部分是探討劉知幾的「歷史意像」，以及由時間觀所展現的歷史撰述論，最後還談及其影響與缺失。文字雖不多，但思想性較強。林先生專門研究中國史學史，有不少的論文發表，收集資料甚勤，頗有研究的成績。

另外一篇是彭雅玲的《史通的歷史敘述理論》，論「歷史敘述」分內容、形式與實錄等三個部分。將《史通》「善惡必書」的基本精神。稱為內容，然後經由諸形式體裁，以發揮其基本精神，這是本書頗為正確的主要架構。最後還有一個「實踐」，如果前面的「內容」與「形式」是一個組合理論，那麼這裡的「實踐」，是理所當然的，可是如果視形式也是實踐的表現，那麼這樣的實踐就不好為繼了。本書以「史才三長說」與「偽錄的成因」為實踐，何以如此，作者未說明，史才是歷史家素養的問題，是劉知幾對史家的要求（見《舊唐書．劉知幾傳》），在史通中亦未同時並論此三者。當然若是說史官是理論的最後實踐者，也許尚有些道理，然而以下的「偽錄」，實與「實錄」為一事二面，與實踐何干？

《史通》文字晦澀，掌故叢雜，必須有一本全面地毯式的注釋與疏證的著作。我從一九八五年在師大國文系開始教《史通》，每逢一句一典，必上窮經史，下蒐類書，並把葉頁一一注出，積累的文字已可能約十餘萬言，或分散於稿紙，或眉注在教科書上，奈因學攻多門，無暇整理，繼續注釋成書。倒是為教學之需，撰寫了比較完整的《史通著錄版本源流考》、《史通分篇提要》、《史通通論》。在專門性的學術論文我從威權而閉鎖的社會環境來論述，有〈劉知幾實錄史學與孔子思想關係之研究〉、〈劉知幾的多元民族觀〉等文。惟未來有待努力者尚多。

古典漢籍史學研究，必須博覽經史、熟悉文獻。而且必須有現代考古、民族、社會、經濟、政治等等社會科學的知識及具有史學方法的能力，才能在史學研究上有所進展。傳統漢學研究，兼習四部，現在中文系所學生、研究生多摒棄史學，而歷史系所亦多修現代史。使上溯中古、上古以前漢字文化圈的東亞、中國歷史缺乏上下滙通的研究。中文系因兼修聲韻、文字，甚或甲金文，因此中古、上古史正是他們可以發展的園地。而且研究文學、哲學若沒有史學的基礎，將脫離時空，流於空疏。尤其學史學的人，比較富有社會的關懷，和社會的正義感，我們希望有台灣主體意識的青年投入中國史學方法與批判的研究行列。

（本文改寫發表於台灣「中央日報」的〈全面研析史通各領域的問題〉一文，一九九四年八月九日、十日。）

史通通論跋

《史通通論》的付梓，為求善美，躭擱再三，終於出版了，猶恐不盡善，又不盡美。

在思想空間封錮的年代，我這學中文的少年人，尚知獨立思考，尋覓縫隙的微光，拼構我追求自由、民主與社會主義的思想圖像，並投入《莊子》文本的研習，使自由的反對干預主義與多元的萬物並生思想成為我生活與學術的信念。隨台灣政治民主化的變遷，我的研究從先秦下及殺戮慘重的魏晉，而且教授「中國文學史」及「中國哲學史」之故，更注意到文化傳統與變革的規律，我以為學術思想受政治的支配下有主流威權、穩定的一系，同時並存有反威權，主變革的一系。從莊子、王充、嵇康，以至於劉知幾，則為後者。

早年，最先讀到《史通》的〈言語〉一篇，對劉知幾處駢儷時代，肯定史書用「芻詞鄙句」，反對「怯書今語，勇效昔言」，大開眼界，驚歎不已。後又讀〈疑古〉〈惑經〉兩篇，反教條、神話，在我心中劉知幾已與莊周、嵇康並列。

一九八三年夏，應招聘到比中國更有「唐風」的京都一年多。小時背唐詩、讀《隋唐演義》、薛仁貴、薛丁山……唐代的印象又浮現在京都名物上，京大唐文獻收藏甚富，我除了教研《莊》《列子》外，收集唐代文史資料，後來寫了空海、武則天、唐代文獻學等論文，而劉知幾亦成為我急切想要研究的對象。

八四年秋回國不久，提議國文系大學部選修課程增列《史通》，次年便開始教這一門師大空前又絕後的《史通》。《史通》比《文心雕龍》更難學、更難教。除了生澀的駢文、隱晦的用典外，包括眾多或存或佚的古籍古文，除需要古典詞章學、文獻學的專業，還要有史學、文學、哲學的知識。劉知幾一般認為是歷史家，而事實，我認為他的反孔思想、批判史學影響更大，亦是一個傑出的思想家。

《史通》教學，和我所有所教的課程一樣要有研究與著述。我必須熟知全書篇目結構與宗旨、分篇旨趣，所有文句、單語，必須查出出處，而不論經史子集。我使用的華世出版社的《史通釋評》教科書空白處，寫得密密麻麻。尤其我必須逐句逐段的白話翻譯給學生徹底懂得。《史通》所有注本，當然沒有翻譯的，有注解的也常把不懂、解費的跳過去，當我翻譯時，必須全部面對，不可逃避。這是對我很大的挑戰，花費我大量的時間，第一年我寫出全面介紹劉知幾及其《史通》的論文講義——〈史通析論〉發給學生，並刊在一九八七年師大國文系刊物《文風》，接著我寫《史通》的版本，這也是我研究古籍專書先由目錄版本入手的一貫方法，以全面知悉這一本書在歷史出現的各種面貌。同時我要探討的是劉知幾的思想核心，也是前人不知或不敢探究的問題，即他的實錄史學與孔子思想的矛盾，以及劉知幾具有現代意義的部分，即他的多元民族觀與實錄言語觀，最後歸納戰後台灣及中國史通研究的綜合述評。全部七章的論文，皆分別刊在學術刊物，有的是在國內外學術會議發表。

由於想收集晚近的史通著作，加以較詳細的述評，也企圖寫一篇劉知幾史通與中國文化發展的序文，奈何事務繁多，而精力漸減，本書出版，拖延多時，唯幸能就原論文一一修正，並附加新的資料，以不負學術的尊嚴。最後感謝陳欣欣小姐的耐心協助，使本書順利出版。

莊萬壽二〇〇九年二月七日跋於台北市杭州南路宅

國家圖書館出版品預行編目資料

史通通論／莊萬壽著. -- 初版. -- 臺北市：萬卷樓, 2009.02

面； 公分

ISBN 978－957－739－646－4 (平裝)

1.(唐)劉知幾 2.史通 3.史學評論

610.81 98001535

史通通論

著 者：莊萬壽

發 行 人：陳滿銘

出 版 者：萬卷樓圖書股份有限公司

臺北市羅斯福路二段 41 號 6 樓之 3

電話(02)23216565．23952992

傳真(02)23944113

劃撥帳號 15624015

出版登記證：新聞局局版臺業字第 5655 號

網 址：http://www.wanjuan.com.tw

E－mail：wanjuan@tpts5.seed.net.tw

承印廠商：晟齊實業有限公司

定 價：240 元

出版日期：2009 年 2 月初版

ISBN 978－957－739－646－4